AI 短视频文案写作

从入门到精通

邵诗雨◎编著

北京大学出版社
PEKING UNIVERSITY PRESS

内 容 提 要

本书是一本专为短视频创作者打造的AI短视频文案写作实战手册，手把手教读者利用AI撰写短视频脚本和创意文案，从而轻松创作出爆款短视频文案。

全书共分为10章。第1章介绍短视频文案与AIGC；第2章为AIGC工具助力文案选题策划；第3章为短视频标题撰写与优化；第4章为短视频脚本与情节设计；第5章为短视频带货文案写作；第6章为评论区互动文案写作；第7章为段子文案写作；第8章为短视频内容标签化；第9章为短视频营销文案写作；第10章为短视频与AI的有机结合。

本书内容丰富，有很强的实用性和操作性，可以帮助读者理解和掌握AI工具的使用，并学习如何根据不同受众群体的文化背景，创作出具有吸引力和影响力的短视频文案。无论你是短视频创作者、营销人员，还是对AI和数字内容创作感兴趣的读者，本书都将为你提供利用AI创作方式的技巧，提升内容质量和文案写作效率。

图书在版编目（CIP）数据

AI短视频文案写作从入门到精通 / 邵诗雨编著. —北京：北京大学出版社，2024.5
ISBN 978-7-301-35026-3

Ⅰ. ①A… Ⅱ. ①邵… Ⅲ. ①网络营销 – 营销策划 Ⅳ. ①F713.365.2

中国国家版本馆CIP数据核字(2024)第095298号

书　　　名	AI短视频文案写作从入门到精通
	AI DUANSHIPIN WEN'AN XIEZUO CONG RUMEN DAO JINGTONG
著作责任者	邵诗雨　编著
责 任 编 辑	王继伟　杨　爽
标 准 书 号	ISBN 978-7-301-35026-3
出 版 发 行	北京大学出版社
地　　　址	北京市海淀区成府路205号　100871
网　　　址	http://www.pup.cn　　　新浪微博：@ 北京大学出版社
电 子 邮 箱	编辑部：pup7@ pup.cn　　　总编室：2pup@ pup.cn
电　　　话	邮购部 010-62752015　发行部 010-62750672　编辑部 010-62570390
印 刷 者	三河市博文印刷有限公司
经 销 者	新华书店
	880毫米×1230毫米　32开本　8印张　205千字
	2023年5月第1版　2023年5月第1次印刷
印　　　数	1–4000册
定　　　价	49.00 元

在这个短视频盛行的时代，我们所处的环境被无数的动态影像所包围。每一段短视频背后都有一个独特的故事，一个新鲜的创意，一个充满激情的创作者。但短视频的世界同样充满了竞争，每个瞬间都有数万的创意诞生，数亿的眼球在选择他们想看的内容。在这样的环境中，如何确保你的创意脱颖而出？

这一问题，长久以来困扰着每一位短视频创作者，无论他们是经验丰富的老手，还是刚入行的新手。为一个短视频构思文案，是一个充满挑战的任务，不仅需要创意和才华，还需要时间和耐心。但现在这个问题，已经有了全新的解决方案。

想象一下，当你的头脑中涌现出一个新鲜的创意，你不再需要绞尽脑汁去寻找合适的语句，只需与一个智能的 AI 伙伴进行简单的互动，向它描述你的想法，然后在短短的 1 分钟内，你就可以获得一篇富有创意、紧贴潮流的文案。

这听起来像是科幻小说中的情节，但事实上已经成为现实，随着 AI 技术的不断进步，我们已经拥有了这样的能力。本书将带你深入了解用 AI 写作的原理，并告诉你如何运用它，以及如何最大化地发挥其潜力。

但这本书的目的，远不止于此。

对于实体行业的老板来说，短视频是一个强大的营销工具，它可以有效地将他们的商品、品牌展现给无数的潜在消费者。要想制作出吸引人的、能够引发购买冲动的短视频，关键在于精准、吸引人的文案。本书将为你揭示如何利用 AI 为你的门店、品牌创作出这样的文案，让你再也不用担心店里没客户。

对于普通人来说，短视频领域充满机会。无论你的目标是赚取额外的收入，分享自己的生活，还是展现自己的才华，一个好的文案都是你成功的关键。通过这本书，你会发现，即使你是一个对技术一窍不通的新手，也可以轻松操作 AI 工具，创作出高品质的文案，轻松实现短视频变现。

我们生活在一个快速变革的时代，短视频、AI 技术都是这一变革的产物。读完这本书，你不仅会学到如何使用 AI 工具，还会看到它如何为你开启一个全新的职业生涯。

我们坚信，每一位读者在阅读这本书后，都能找到属于自己的机会。

最后，让我们一同迎接智能创作的新时代。

目录

第 10 章　短视频与 AI 的有机结合 177

第1章

认识短视频文案与 AIGC

随着科技的进步，人类社会已经进入了一个全新的信息时代，在这个时代，短视频已经成为主要的信息传播方式之一。然而，制作一个短视频并不简单，它需要精心的策划、富有创造力的内容和吸引人的表现形式。其中，好的短视频文案可以说是成功的关键。

短视频文案并不仅仅是简单的文字表述，它是一个融合了剧本、故事线、人物设定、视听元素及其他多种因素的复杂构造，每一种因素都需要精心打磨。

然而，随着 AI 技术的发展。AIGC（Artificial Intelligence Generated Content，人工智能生成内容）让我们有可能在短时间内生成高质量的短视频文案，极大地提高了短视频制作的效率和质量。

本章我们将一起深入探讨短视频文案的构成，了解 AIGC 的潜力以及如何利用它，学习如何用 AI 技术来优化文案创作过程，如何借助 AI 的力量来写出更有深度和创意的短视频文案。

1.1 认识短视频文案

在如今短视频盛行的时代，了解短视频文案的基础知识是每个创作者和平台运营者必备的技能。下面，让我们从短视频文案的概念、作用、特点等方面，深入了解短视频文案的基础知识，为打造吸引人的短视频内容奠定扎实的基础。

1. 短视频文案的概念

短视频文案是指短视频中呈现的文字描述、标签等。随着短视频行业的迅猛发展，短视频文案已成为吸引用户关注、传递信息、提升点击率和观看时长的重要手段。与传统的文案写作相比，短视频文案更注重信息的传递效率和观众的参与感。

2. 短视频文案的作用

短视频文案在内容传播和用户互动中起到关键作用，它能够提升观众兴趣、传递信息、增强互动、塑造品牌形象以及创造话题。接下来，我们将结合实际案例详细分析短视频文案的各种作用，以期为创作者的短视频创作提供有力支持。

● 提升观众兴趣

通过精彩的文案引导，让观众对短视频产生好奇心，从而提高观看意愿。例如，某知名短视频平台上，一位美食博主发布了一个"五分钟制作简易比萨"的视频，文案标题为"快手比萨，5 分钟轻松搞定晚餐！"这个简短且具有吸引力的标题让用户产生了观看的兴趣，视频点击量迅速上涨。

● 传递信息

短视频文案承载了短视频的核心信息，能够帮助观众快速了解视频内容，提高传播效率。例如，湘钰在短视频平台上看到一个视频，文案为"掌握这三招，轻松应对面试！"湘钰迅速了解到视频的内容与面试相关，观看并学习了视频中的面试技巧。在随后的面试中，她成功利用从视频中学到的技巧，顺利通过了面试。

● 增强互动

良好的短视频文案能够引导观众参与互动，提高用户黏性。例如，一位健身博主在短视频平台发布了一个关于俯卧撑训练的视频，文案为："跟着我一起练，30 天俯卧撑挑战！你也可以做到！"这句话引发了观众的参与热情，许多人留言表示要加入挑战。此举极大地提高了用户黏性，增加了互动性。

● 塑造品牌形象

短视频文案是品牌与用户沟通的桥梁，塑造良好的品牌形象有助于获得用户认可。例如，杨静是一位服装设计师，她通过发布短视频展示自己的作品。她的文案总是充满活力和创意，如"穿出独特个性，展现自信魅力！"这种风格的文案使得她的品牌形象逐渐为人们所熟知，吸引了众多粉丝。

● 创造话题

短视频文案中的关键词和标签可引发用户讨论，提高话题热度。例如，一个名为"环保行动，从我做起"的短视频在平台上迅速蹿红，文案中设置了关键词"环保挑战"，引导用户分享自己的环保行动，不少用户纷纷响应，晒出自己的环保实践，话题热度迅速上升，从而使得这个短视频得到更广泛的传播。

3. 短视频文案的特点

短视频文案具有以下特点。

● 简洁明了

短视频文案应以简短的文字传达核心信息，避免冗长和拖沓。例如，一个名为"一分钟教你学会跳舞"的短视频，文案简洁明了地写道："跟我学，一分钟学会跳舞！"简短的文案传达了短视频的核心内容，引发观众的观看欲望。

● 具有吸引力

短视频文案要具有吸引力，引起观众的兴趣和好奇心。例如，某短视频平台上一个关于"神奇魔术"的视频，文案写道："你敢相信眼前的一切吗？来看看这个神奇的魔术！"这个文案激发了观众的好奇心，使得视频迅速走红。

● **个性鲜明**

短视频文案要有独特的个性，使内容更具辨识度。例如，雷丽是一位旅行爱好者，她喜欢在短视频平台上分享自己的旅行见闻，为了使自己的视频与众不同，她在文案中特意加入了自己的个性标签："雷丽的旅行日记：探索世界的美好！"个性鲜明的文案使她的视频在众多旅行视频中脱颖而出，吸引了大量粉丝。

● **值得分享**

优质的短视频文案应具备一定的分享价值，从而引发用户的二次传播。例如，一个名为"猫咪的日常生活"的短视频，文案中包含了一句有趣的话："猫咪的日常：总有一只猫让你放下手机！"这句话引发了许多人的共鸣，使得观众纷纷将视频分享给自己的朋友，视频的传播范围迅速扩大。

短视频文案对于短视频至关重要，它不仅要能够吸引观众的注意力，还需要具备促进用户转化和提高用户参与讨论的能力。同时也应该紧扣视频主题，并且使用生动有趣的语言，触动观众的情绪。

1.2 优质短视频文案的核心要点

优质短视频文案包括以下核心要点。

● **短小精悍，直接明了**

优质的短视频文案应短小精悍，能够在短时间内快速传达主要信息，激发观众的兴趣。通常来说，标题不要超过 15 个字。同时，短视频文案语言要生动、有趣，能够引起观众的兴趣和共鸣，同时也需要使用较为流行的语言，使得观众更容易理解。

● **目标明确，重点突出**

在创作文案之前，需要先明确传播目标和受众需求，从而有针对性地进行文案创作。短视频文案需要突出重点，让观众更容易理解并产生共鸣。用几个简短有力的语句来描述视频的主题与核心信息，加强观众对该主题的关注度。

● **紧跟热点，创意独特**

深入了解短视频的内容，包括背景、主题、核心信息等，以确保文案与视频内容高度契合。短视频文案应该紧跟热点，以吸引更多观众的注意力，保证内容的时效性和营销效果。创意是短视频文案的灵魂，一个独特的创意能够使文案更容易被观众记住。创意可以来自不同的方面，如视觉效果、文字表达等。

● **结合平台，追求创新**

针对不同的短视频平台，调整文案的风格、长度和形式，以保证短视频符合平台的特点和用户习惯。同时，不断尝试新的文案创作方式和表达手法，使短视频文案具有更高的吸引力和感染力。

● **情感共鸣，注重互动**

短视频文案可以通过情感共鸣来打动观众，这是一种非常有效的营销策略，能够有效提高转化率。另外，在文案中设置互动，如提问、引导评论等，以激发观众的参与热情。

优质短视频文案的核心要点不局限于以上内容，具体的创作思路可以根据短视频内容而有所变化。总而言之，文案应该能够在短时间内让观众对短视频产生兴趣，引发观众对该视频的讨论与分享。

1.3　短视频文案创作思维

短视频文案创作思维是指在创作短视频文案时需要具备的思考方式、思维方法，它包括以下几个方面。

● **粉丝思维**

粉丝思维是指在短视频文案创作中，以粉丝的视角来创作文案，主要侧重于用深度的信息、高频率的互动和细节的关怀，建立粉丝与品牌之间的忠诚关系，从而提高品牌或产品的知名度和影响力。

● **用户思维**

用户思维是指站在用户的角度来思考，关注平台用户的需求、利益、想法和反馈，从而创作出能够引起用户共鸣的短视频文案。具有好的用户思维，可以有效塑造品牌形象，获得用户的信任和认可，促进转化。

● **产品思维**

产品思维是指从产品的特性、优势、用途等方面出发，创作出可以展现产品特征的短视频文案。通过深入了解产品优势，关注产品的创新性和实用性，结合具有创意的表达方式，使文案突出产品的特点和亮点，从而引起消费者的购买欲望。

● **痛点思维**

痛点思维是指基于用户痛点来创作短视频文案，关注用户的需求和痛点，并寻找出解决这些问题的方法。在短视频文案创作中，运用痛点思维可以使文案更有针对性，让受众深刻地感受到品牌或产品能带来的实际价值。

● **场景思维**

场景思维指运用不同的场景来创作短视频文案，使文案更加贴近受众想象，引发情感共鸣。通过选取有创意的场景，结合品牌和产品特点，可以让观众深入感受品牌和产品的特征，从而让品牌更具辨识度。

● **定位思维**

定位思维是将品牌或产品的特点与目标用户的属性结合起来，创作出最适合目标用户的文案。通过研究用户群体的属性、购买行为等信息，确定品牌或产品的定位，创作出符合用户需求和品牌特点的短视频文案，可以提升目标用户的购买意愿和满意度。

综上所述，短视频文案创作思维包括粉丝思维、用户思维、产品思维、痛点思维、场景思维和定位思维。这些思维方式在创作短视频文案的过程中是相互交织的。只有具备这些思维方式，才能够创作出独特、吸引人的短视频文案，从而提升品牌和产品的知名度、美誉度和销售额。

1.4　短视频文案创作的一般步骤

短视频文案创作的一般步骤如下。

（1）明确需求

要先明确短视频的目标、受众和要传达的信息。了解短视频的用途，如是用于宣传、教育还是娱乐，要表达什么主题和情感等。

（2）寻找灵感

在明确需求后，寻找与主题相关的灵感和素材，可以通过观看同类视频、搜索相关文章和图片等方式，来激发创作灵感。

（3）创意构思

在获得灵感后，进行创意构思，思考如何将信息简洁明了地传递给观众，并提炼出核心思想。可以借鉴一些常用的叙事结构和技巧，吸引观众的注意。

（4）写作文案

根据创意构思，开始正式进行文案写作。确保文案语言简洁明了，符合观众的喜好。可以使用具体的例子和生动的描写来引起观众的共鸣。同时，注意文案长度要与视频时长一致，不要过长或过短。

（5）修改和完善

完成初稿后，进行修改和完善，检查文案是否清晰明了，是否表达了想要传达的信息。可以请他人审阅并提出修改建议。

（6）视频配合

将文案与短视频的内容、镜头、音效等进行配合，确保文案与短视频画面、音效相呼应，以达到更好的效果。

1.5 初识 AIGC

AIGC 是指通过 AI 技术生成文案、图像、视频等内容。AIGC 可以通过机器学习（ML）和自然语言处理（NLP）等技术进行数据分析和处理，以对政策制定、社会管理和公共服务等领域进行优化。

1. AIGC 的特点

AIGC 具有以下特点。

● 自主性

AIGC 具有自主学习、自主判断、自主决策的能力，能够根据数据和规则自动运行，逐渐提升其精度和效能。

● 智能化

AIGC 是一种智能化系统，可以实现复杂的思维和行为模拟，支持自动化决策。自主性和智能化使得 AIGC 可以不断学习和迭代，不断提高决策的精度和准确性。同时，这些能力也带来了一定的风险和挑战，如何保证 AIGC 的学习路径和决策结果与人类价值观相符，是一个非常重要的问题。

● 高效性

AIGC 具有高效性，可以在短时间内处理大规模的数据，并给出相对准确的结果。高效性使得 AIGC 能够应对快速变化的场景和复杂问题，也为企业和组织提供了节省成本和提高效率的机会。

● 数据驱动

AIGC 是以数据为基础的技术，需要大量的数据来训练模型，数据驱动带来了数据验证与数据安全的问题，需要保证数据的真实性和完整性，并采取有效的隐私保护措施，以避免数据泄露和滥用等问题。

● **透明性**

AIGC 在做出决策的同时，也会提供相关的解释以便用户理解，同时还可以记录学习过程中的经验，为之后的优化提供依据。透明性是保证 AIGC 可信的重要因素。通过说明决策、计算、训练过程，可以增强用户和其他相关方对 AIGC 的信任，并为用户提供决策过程中需要的辅助信息。

2. 主流的 AIGC 工具简介

目前市面上存在多种 AIGC 工具，以下是几款较为知名的产品，这些 AIGC 工具的功能和应用场景各有不同。

● **文心一言**

文心一言是百度推出的知识增强大语言模型，文心大模型家族的新成员，能够与人对话互动、回答问题、协助创作，高效便捷地帮助人们获取信息、知识和灵感。网页版文心一言的主页面如图 1-1 所示。

手机端文心一言的注册非常简单，只需在手机上安装文心一言 App，然后填入手机号即可注册，如图 1-2 所示。

图 1-1

图 1-2

在手机上登录文心一言后进入对话页面，在页面下端的输入框中输入提示词，然后点击右侧的提交按钮，即可生成内容，如图 1-3 所示。

图 1-3

● 讯飞星火

讯飞星火是科大讯飞推出的一个大语言模型，能够学习和理解人类的语言，进行多轮对话，高效便捷地帮助人们获取信息、知识和灵感，帮助用户快速构建自己的自然语言处理模型。网页版的讯飞星火主页面如图 1-4 所示。

图 1-4

　　在手机下载并安装讯飞星火 App，系统会自动绑定本机手机号，点击登录即可，如图 1-5 所示。

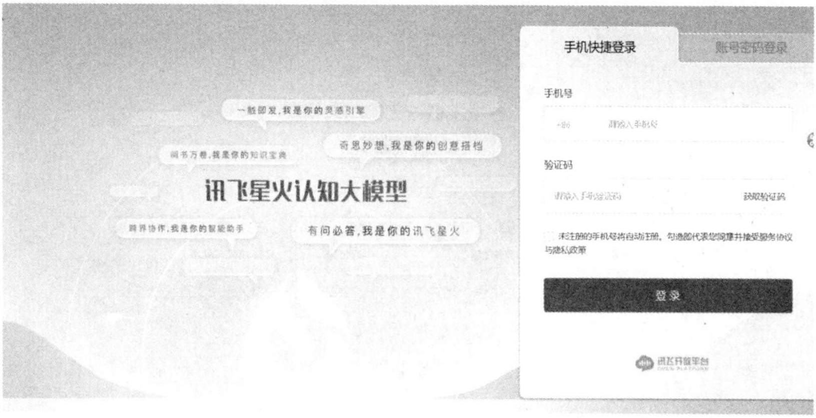

图 1-5

　　登录讯飞星火 App 后，在对话页面中的输入框中输入提示词，然后点击发送按钮，即可生成内容，如图 1-6 所示。

图 1-6

● 通义千问

通义千问是阿里云推出的一个超大规模的语言模型，功能包括多轮对话、文案创作、逻辑推理、多模态理解、多语言支持等。通义千问的网页版页面如图 1-7 所示。

图 1-7

● Open AI

Open AI 是一家 AI 技术公司，提供了一系列的自然语言处理和机器学习工具，包括语音识别、自然语言生成、图像识别等。Open AI 的 AIGC 工具可以帮助用户快速构建自己的自然语言处理和机器学习模型，从而提高业务效率和精度。其推出的 AI 对话工具 ChatGPT 网页版页面如图 1-8 所示。

图 1-8

● Notion AI

Notion AI 是一个强大的工具，用户可以通过使用 Notion AI 的文本识别、情感分析和任务自动化等功能更加便捷高效地完成文本编辑工作。Notion AI 网页版页面如图 1-9 所示。

图 1-9

这些工具都能在短时间内生成大量内容，提高内容产出效率，并通过用户的数据学习和优化，生成更符合用户需求的内容。

3. AIGC 在短视频创作中的应用

首先，AIGC 中的自然语言处理、图像识别等可应用于短视频创作中，提高视频创作的效率和质量。例如，通过机器学习算法自动生成字幕和识别视频中的人脸、场景等元素，可大大缩短短视频制作时间。

其次，AIGC 可以帮助短视频行业精准定位目标用户和提高用户体验。通过参与 AIGC 活动，可以了解全球范围内的用户需求和消费习惯，从而精准定位目标人群并提供符合市场需求的短视频内容，提高用户体验和内容传播的效果。

最后，AIGC 还可以促进短视频的创新和发展，帮助短视频行业实现向智能化、数字化方向转型和升级。通过利用 AIGC，企业、团队、个人将会在全球的 AI 领域获得更大的曝光度和认知度，同时也可以吸收国内外的先进经验和创意，创作出更多具有中国特色的优秀短视频作品。

> 🛈 技能拓展：AIGC 在短视频创作中的具体应用主要表现在短视频制作与短视频文案推广两个方面。

（1）短视频制作

通过 AI 技术，短视频的拍摄和制作过程可以更加智能化和高效化，创作者可以利用 AI 工具对场景、人物、音乐等进行智能识别和推荐，同时也能处理视频大小、清晰度等技术问题，提升短视频的制作效率。例如，AIGC 在抖音中就应用了智能特效算法和图片识别技术，为用户提供了不少自动化的功能，如自动识别人脸特征，根据短视频内容自动生成封面和配乐等。

AIGC 在短视频制作领域的应用主要表现在以下几个方面。

- 空间智能识别：AIGC 技术可以帮助创作者识别短视频中的不同空间元素，如背景、道具、人物等，然后根据空间元素进行分割、优化和合成操作，提升视频的视觉效果。

- 自动化配音：AIGC 技术可以利用自然语言处理技术，自动识别短视频中的文字和音频元素，然后对它们进行合成和编辑，从而提升短视频的流畅性与连贯性。

- 自动化剪辑与转场：AIGC 技术可以通过智能识别视频画面，自动进行剪辑和转场，大大提高短视频的后期制作效率。

（2）短视频文案推广

AIGC 在短视频文案推广方面的应用，主要体现在文案内容的创作、配准和翻译。借助 AI 技术的自然语言处理能力，短视频制作方可以快速分析和调整文案，从而尽可能地吸引受众。例如，TikTok 通过应用自然语言处理技术，自动为各种语言的受众提供准确的翻译服务，带来全球范围内的用户拓展。

AIGC 在短视频文案推广领域的应用主要表现在以下几个方面。

- 自动撰写文案：通过输入提示，AIGC 能快速生成符合需求的短视频文案。
- 文案优化建议：AIGC 能分析现有文案的优缺点，提供改进建议。
- 热点话题挖掘：AIGC 可通过分析大量数据，挖掘热点话题，为短视频文案创作提供灵感。
- 个性化文案推荐：AIGC 能根据用户画像，生成更符合目标用户喜好和需求的短视频文案。

总的来说，AIGC 为创作者提供了丰富的工具和技术支持，可以缩短制作时间，优化视听语言，从而提高短视频的创作效率。因此，AIGC 在短视频创作中具有极大的价值和潜力。

1.6　AIGC 工具的使用方法与技巧

AIGC 是一个强大的伙伴，不仅能提供知识和信息，还能帮助创作者进行创意思考和深入分析。通过掌握一些使用方法和技巧，创作者可以更高效、灵活地使用 AIGC，获取满意的答案和创意。

1. AIGC 工具的使用技巧

● 让 AIGC 学会逻辑思考

AIGC 基于强大的神经网络模型，本身具有很高的逻辑判断能力。但为了更高效地利用它，可以通过提供明确的、结构化的语句来优化其思考逻辑。例如，使用"如果……那么……"这样的句型可以帮助 AIGC 进行逻辑思考。

● 让 AIGC 的回答更灵活

要让 AIGC 的回答更加灵活，可以尝试提供不同的问题角度或输入开放式问题，这样 AIGC 将提供更加多元化的答案。同时，可以通过反馈机制告诉 AIGC 哪些答案更好，从而优化其回答策略。

● 用 AIGC 生成各种图表

AIGC 具有处理数据和生成图表的能力。用户可以上传数据，并使用简单的命令，如"为我生成一个饼图"，从而快速得到可视化的结果。此外，AIGC 也支持高级的图表编辑和自定义。

● 让 AIGC 找到合适的图片

当需要找到特定的图片时，可以直接询问 AIGC。例如，输入"请找到一个关于太阳能的图片"，AIGC 会根据描述寻找符合要求的图片资源。

2. AIGC 提示词的挖掘

● 选择贴切的提示词

选择提示词时，确保它们与问题直接相关。贴切的提示词可以帮助 AIGC 更快地定位答案。如果选择的提示词与问题无关或不直接相关，AIGC 可能会给出不准确或不相关的结果。

例如，如果问题是"如何修理汽车轮胎上的刺孔"，贴切的提示词可以是：

- 汽车轮胎修理

- 刺孔修补

- 轮胎维修

- 刺孔修复方法

- 轮胎保养

这些提示词与问题直接相关，可以帮助 AIGC 更快地找到与修理汽车轮胎上刺孔相关的答案。

● **确定提示的主题**

在询问之前先确定主题，这样可以更有针对性地选择提示词，如"环保"或"量子物理"。

● **细化主题描述**

为了获得更具体的答案，可以进一步细化主题描述。例如，不是宽泛地问"关于太阳能的信息"，而是问"太阳能板的工作原理"。

3．AIGC 提示词的优化

● **指定语言风格**

AIGC 可以模仿多种语言风格，为了得到想要的答案，可以在提问时给出具体的风格指示，如"以新闻报道的风格告诉我 ×××"。

● **提供实例参考**

如果有具体的答案格式或风格需求，可以提供一个参考实例，这样 AIGC 会尽量模仿该实例来回答。

● **指定用表格形式罗列答案**

当需要结构化的答案时，可以要求 AIGC 以表格形式罗列答案，如"请以表格形式列出所有元素的属性"。

● **赋予 AIGC 身份**

为了使对话更加有趣或得到特定风格的答案，可以赋予 AIGC 一

个特定的身份或角色。例如，"假设你是一个中世纪的学者，请告诉我
×××"。

● **对 AIGC 进行调优**

用户可以通过反馈机制告诉 AIGC 哪些答案是好的，哪些需要改进，从而不断调优其性能。

4. AIGC 提示词的实用指令

● **解决文字中断问题的指令**

当感觉 AIGC 的回答过于简短或被中断时，可以使用"请继续"或"请详细说明"这样的指令来让其继续回答。

● **调试风格的固定指令**

如果 AIGC 的答案风格不符合要求，可以使用"以 [风格] 的方式回答"这样的指令来调整答案的风格。

● **生成专业答案的指令**

当需要专业性更强的答案时，可以使用"以专家的角度回答"或"详细解释 ×××"这样的指令。

● **多角度分析的指令**

当需要从不同的角度分析一个问题时，可以使用"从经济、社会和环境三个方面分析 ×××"这种指令。这样，AIGC 会为您提供一个全面的答案。

● **模拟对话的指令**

如果要进行模拟对话，可以给 AIGC 提供一个场景描述，并要求其模拟双方的对话，如"模拟一个医生和患者关于健康饮食的对话"。

● **标注答案的引用来源**

当需要知道答案的来源或需要参考文献时，可以使用"请提供答案的来源"或"引用相关文献"这样的指令。

● 自定义输出格式

AIGC 可以按照特定的格式输出答案，如"按照 APA 格式引用"或"按照 MLA 格式列出"。APA 格式是由美国心理学协会制定的一种论文格式；MLA 则是由美国现代语言协会制定的一种论文格式。

● 启发式提问

为了激发 AIGC 的创意思考，可以尝试启发式的提问，如"如果苹果和香蕉可以交谈，它们可能会讨论什么？"这样的问题可以帮助 AIGC 跳出常规思维，提供有趣的答案。

● 构思故事情节

当需要一个新的故事情节或创意时，可以简单描述一个场景，然后让 AIGC 构思一个故事。例如，"在一个古老的村庄里，有一个被遗忘的神庙。请为我构思一个关于这个神庙的故事。"

● 创意的绘图指令

如果想让 AIGC 创建一个特定主题的插图或设计，只需简单描述需求即可，如"为我设计一个关于夏天的海报"。

第 2 章

AIGC 工具助力文案选题策划

在短视频的海洋中，要使自己的作品脱颖而出，吸引观众的眼球并引发共鸣，一个吸引人且有深度的选题是必不可少的。选题策划并非易事，它需要对市场趋势、目标受众和当前社会环境有深刻的理解。不过随着 AI 的崛起，这个过程正在发生前所未有的变革。

通过 AI，我们可以更快、更准确地筛选出有潜力的选题，从而节省时间，提高效率。此外，AI 还可以通过分析数据，帮助我们预测选题可能的反响，使我们能够在选题策划阶段就对短视频的成功有所预见。

AI 不仅能帮助我们理解现在，更能帮助我们预见未来。在这一章中，我们将深入了解如何用 AI 洞察市场趋势，预测观众反应，从而让我们的短视频在激烈的竞争中脱颖而出。

2.1 选题策划的概念和重要性

选题策划，简单来说，就是在开始任何一个创作过程之前，确定一个主题或方向，围绕它来进行后续的工作。

有效的选题策划可以让我们的工作更有针对性，避免我们在创作过程中失去方向。它能够让我们更好地聚焦所选定的主题或问题，提高工作效率。

假如一个科技博主每周都需要创作一个关于最新科技趋势的短视频，如果他没有明确的选题策划，那么他可能会在众多的科技新闻和信息中迷失，不知道应该关注什么。但是，如果他有一个明确的选题策划，如"AI 在医疗领域的最新应用"，那么他就有了一个明确的方向，可以集中精力在这个主题上进行研究和创作，从而提高他的工作效率。

　　然而，选题策划并不是一项容易的工作。我们需要花费大量的时间和精力进行研究和思考，才能找到一个好的、独特的选题。我们需要深入了解读者或观众的兴趣和需求，研究市场趋势和动态，关注社会热点话题……这些都需要我们具有深厚的知识储备和敏锐的洞察力。

　　在这个过程中，AI 工具可以为我们提供巨大的帮助。

2.2　选题策划的核心要点

　　短视频选题策划的核心要点是确保选取与目标受众相关且能引起他们兴趣的主题，并结合创意、趋势和平台特点进行内容创作。短视频选题策划的核心要点主要包括以下几个方面，如图 2-1 所示。

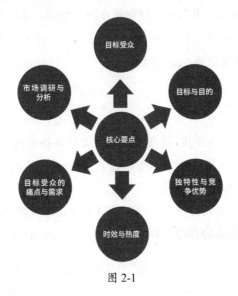

图 2-1

1．目标受众

　　确定短视频的受众是谁。了解目标受众的年龄、性别、地理位置、兴趣爱好等特征，以便有针对性地编写文案。只有真正了解受众，才能更好地满足他们的需求，引起他们的兴趣。

2. 目标与目的

明确选题的目标和希望达到的目的。确定短视频要传递的信息是什么，是推广产品、传递品牌理念还是提供有用的知识？选题要与公司或品牌的整体战略目标保持一致，以确保短视频能够为实现业务目标做出贡献。

3. 独特性与竞争优势

选题应该具有独特性和差异性，以突出自己在市场竞争中的优势。通过选题的独特性，可以吸引目标受众的注意力，并与竞争对手区分开来。展示产品或服务的特点和优势，并将其与竞争对手进行对比，以说明用户为何要选择你的产品或服务。

4. 时效性与热度

选题应具备一定的时效性和热度，能够在特定的时间段内引起关注。根据市场趋势和目标受众的关注点，选择与当下热门话题相关的选题，能够吸引更多用户关注。

5. 目标受众的痛点与需求

选题应该关注目标受众的痛点和需求，通过解决目标受众的问题或提供有用信息来满足受众的需求，建立起与目标受众的连接。

6. 市场调研与分析

在确定选题时，应进行充分的市场调研，了解目标受众的行为和偏好，以及相关行业的趋势和变化，为选题提供更准确的基础数据参考。

掌握了以上核心要点后，我们便能更好地进行选题策划，为文案创作提供明确的方向，确保文案能够更好地满足目标受众的需求。

2.3　系列选题策划的基本要求

系列选题策划的基本要求是确保选题系列化、选题细分化和选题场景化，为目标受众提供连贯和多样的内容体验，如图 2-2 所示。

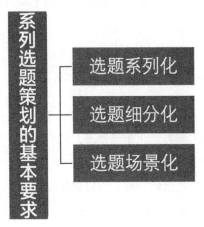

图 2-2

1. 选题系列化

选题系列化指的是选择一个主题或概念并将其作为一系列文章或短视频的核心，这样做可以让读者逐渐深入了解该主题或概念。选题系列化还能建立起读者和品牌之间的关联，提高读者对品牌的信任度和忠诚度。

2. 选题细分化

选题细分化是指将一个大主题或概念拆分成多个具体的选题，每个选题都有自己的独立内容和独特观点。选题细分化的目的是满足不同读者对于特定信息的需求，提供更有针对性的内容。通过选题细分化，可以覆盖更广泛的受众群体，并增加读者的互动率。

3. 选题场景化

选题场景化是指将选题与特定场景或情境相结合，以引起读者的共鸣和兴趣。通过选题场景化，可以让读者在情感和认知上更容易接受和理解内容。同时，选题场景化也能提高品牌的亲和力和说服力，使读者更容易与品牌建立情感连接。

2.4 使用 AI 挖掘与分析热点选题

随着 AI 技术的不断发展，基于 AI 的热点分析与挖掘在各个领域都展现出了强大的应用潜力。在此背景下，我们将探讨如何运用这一先进技术，为用户提供更多有价值的信息，从而引领行业创新和社会进步。

随着短视频行业的蓬勃发展，内容创作者需要从海量信息中筛选出具有吸引力的热点话题，以便制作出引人入胜的短视频。AI 技术在热点分析与挖掘方面的应用为内容创作者提供了极大的便利。

1. 利用大数据分析与预测热门话题

大数据分析已经成为了解市场动态和挖掘热点话题的重要手段。例如，短视频平台可以利用机器学习和数据分析工具对用户行为、观看数据和互动数据进行深入分析，从而预测热门话题。下面介绍几款常用的数据分析工具。

（1）飞瓜数据

飞瓜数据是一款短视频与直播数据查询、运营及广告投放效果监控的专业工具，是短视频领域权威的数据分析平台，可为用户提供抖音、快手、B 站等短视频平台的相关数据。飞瓜数据具有强大功能，主要包括数据分析、数据可视化和数据整合。

（2）卡思数据

卡思数据是短视频全网数据开放流量分析平台，凭借其专业的数据挖掘与分析能力，为视频内容创作者在节目创作和用户运营方面提供数据支持，为广告主的广告投放提供数据参考和效果监测，为内容投资提供全面客观的价值评估。卡思数据为用户提供的视频平台数据非常多，不仅包括抖音、快手，还有 B 站、美拍、秒拍、西瓜视频等。

（3）抖查查

抖查查是北京爱普优邦科技有限公司旗下专业的短视频数据分析平台，致力于为品牌方提供短视频运营数据分析、广告投放效果监测、直播带货数据分析等全方位的抖音营销服务。抖查查以数据为核心，通过技术手段对抖音平台上的短视频、广告和直播数据进行实时监测和分析，帮助品牌方实现抖音营销的精准化、效果最大化。

【案例】使用飞瓜数据分析爆款带货短视频。

小张是一个刚进入短视频创作行业的新手。面对抖音、快手等平台上的各类短视频，小张感到非常迷茫，他请教了短视频行业的一位老师，老师告诉他一个方法，就是当你不知道做哪类短视频更好时，你可以对主流短视频平台上近一个月的热门短视频数据进行分析，根据分析结果进行选题策划。

小张使用飞瓜数据分析了近一个月以来的爆款带货短视频，发现"双眼皮贴"视频在周榜和月榜中均为第一，于是小张制作了一系列关于"双眼皮贴"的短视频，变现效果很不错。

2. 热门话题跟踪

社交媒体是发现热点话题的重要渠道，AI 可以帮助我们快速识别和跟踪热门话题。通过对社交媒体上的讨论、互动和分享等相关数据进行实时监测，AI 能够生成热门话题榜单，并根据关注度和趋势变化实时更新。

巨量算数是一个基于 AI 技术的数据分析平台，它可以帮助人们快速识别和跟踪热门话题。具体来说，巨量算数可以实时捕捉互联网上的海量信息，并对这些信息进行分析和处理。通过分析这些数据，巨量算数可以为用户提供准确的热门话题识别和分析结果，帮助他们更好地了解当前的热点和趋势。

当用户在搜索引擎上搜索一个关键词时，巨量算数可以立即给出该关键词的相关信息，包括最新的新闻、文章、社交媒体帖子等，以及这些信息的热度排名和趋势分析。这些信息可以帮助用户更好地了解当前的热门话题，从而更好地掌握市场动态。

【案例】使用巨量算数挖掘蓝海话题。

小李是一位美食类短视频创作者，某天查看巨量算数的算数榜单，看到一种重庆老火锅底料火爆网络。他通过巨量算数搜索关键词"重庆火锅底料"，发现近一个月这个话题的搜索量和传播数据都很高，内容却很少，说明这是一个需求量大、竞争小的蓝海话题。小李抓住这一热点话题，迅速策划了一些重庆火锅底料制作的短视频，将此类短视频在抖音和快手平台上传后，获得了数百万次的点击和大量粉丝的关注。

2.5 / 使用 AIGC 助力选题策划的方法与案例

使用 AIGC 助力选题策划的方法是通过关键词挖掘和分析，获取相关内容主题和趋势，以提供创意和灵感，优化选题策划过程。

1. AIGC 助力选题策划的方法

使用 AIGC 来助力选题策划的方法如下。

（1）数据收集与预处理

收集与短视频选题相关的数据集，并进行预处理。数据收集可以包括短视频标题、描述、标签等信息。对数据进行清洗和标注，确保数据质量和标准化。

例如，向 AI 提问，获取近期热门话题、事件或趋势。这里我们以文心一言为例，直接在输入框中输入要查询的内容"近期有哪些热门话题"或"最近有哪些重大新闻事件"，如图 2-3 所示。

图 2-3

（2）生成选题

在文心一言等 AI 工具中输入选题关键词或问题，AI 工具将根据其对提问和上下文的理解，生成与选题相关的标题或描述。可以对生成文本的长度、风格等进行控制。

AI 具有生成选题建议的功能，可以让 AI 直接给出与热点相关的短视频选题建议。例如，"针对主题 ×××，能否提供 5 个短视频选题建议？"此时 AI 将生成 5 个选题建议，如图 2-4 所示。

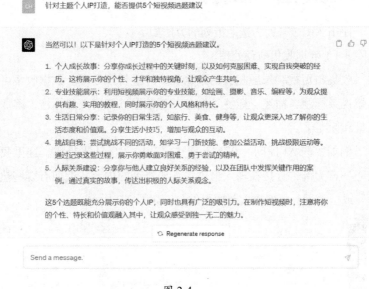

图 2-4

（3）话题的延展

在选题策划的过程中，还可以通过延展 AIGC 生成的选题，设计出更多相关的系列话题，扩展短视频选题的领域和范围。

（4）筛选和评估

对生成的选题进行筛选和评估，选择最符合要求的选题。可以根据选题的吸引力、独特性、实用性、时效性等要求，对生成的选题进行评估和选择。

2. 案例：使用文心一言助力爆款短视频选题策划

前面学习了短视频选题策划的相关知识，下面我们通过文心一言来进行选题策划实操。

使用文心一言助力短视频文案选题策划，可以从以下两个方面着手。

- 数据分析与洞察：文心一言能够分析大量的用户数据，帮助我们了解观众的喜好。
- 内容建议与优化：文心一言可以提供关于标题、描述、关键字等的优化建议，使内容更易被用户接受和被搜索引擎推荐。

操作步骤如下。

第一步：初步设计主题关键词。

创作者需要设计一个或一系列基本的主题关键词，比如在此我们选择"环保"这个大主题相关内容就可以是环保趋势、环保热门话题、最新环保讨论、环保生活方式。

第二步：使用文心一言细化主题关键词，生成具体建议。

将上述初步设计的主题关键词输入文心一言，询问如何进一步细化或优化这些主题关键词，以便使其更具针对性。

📢 **我的输入**：请你帮我做短视频选题策划，主题是环保生活方式，请细化这个主题关键词，使短视频内容更有针对性。

⚙ 环保生活方式是一个非常具有时代意义的话题，在当前的社会背景下非常受欢迎。为了让你的短视频内容更有针对性，我们可以从以下几个维度进行细化和优化。

1. 内容形式

实验类：比如展示常见垃圾如何回收、分解。

教程类：DIY 环保手工、制作家用环保清洁剂等。

访谈类：采访身边环保生活方式实践者，了解他们的日常习惯。

纪录片类：拍摄环境保护的现状、危机和解决方案相关的纪录片。

2. 具体方向

零浪费生活：如何进行家庭垃圾分类、如何制作堆肥、零浪费购物技巧等。

绿色出行：推广步行、骑行、公共交通出行方式，分享节能汽车、共享经济的优点。

环保饮食：推广素食、减少食物浪费等。

节能减排：节能家电推荐、绿色建筑和家庭节能技巧。

3. 受众定位

学生：如何在校园践行环保生活。

家庭主妇：家中如何践行绿色生活。

办公族：在工作场所如何做到环保。

商家：如何进行绿色经营和推广。

4. 视觉呈现

使用鲜艳、清新的色彩，展示环保的美好和活力。

采用创意动画、图解等形式，让内容更加吸引人。

利用对比，展示环保与非环保生活方式的差异。

5. 互动元素

鼓励观众参与：比如提供一些环保挑战，邀请观众分享他们的环保生活经验；

在视频中加入 Q&A 环节，解答观众关于环保的疑问。

第三步：结合实际平台特点调整内容

针对创作者关注的特定社交媒体和视频平台，结合其特点和用户行为来进一步调整内容和形式。例如，如果创作者关注的是抖音，那么可能需要考虑采用该平台用户更偏好的内容形式，如"环保挑战"或"环保手工 DIY"。

🔟 **我的输入**：结合抖音平台用户更偏好的内容形式，给出详细建议。

◎ 抖音是一个以短视频为主的平台，因此内容应当简短、直观、有趣并能迅速抓住用户的注意力。基于抖音用户的偏好，我们可以对之前的建议进行以下优化调整。

1. 快速展示：由于抖音视频时间有限，内容需要简洁明了。例如，你可以制作一个"30 秒零浪费生活技巧"的系列短视频。

2. 使用音乐和特效：抖音提供了大量的音效和特效，可以有效吸引用户的注意力。例如，制作一个环保 DIY 教程时，配上欢快的音乐和动态剪辑。

3. 挑战与互动：抖音用户喜欢参与挑战，你可以发起一个"绿色生活挑战"，鼓励用户展示他们的环保日常。

4. 使用流行元素和模板：结合当前抖音上流行的模板、挑战和音乐，如流行的舞蹈、模仿秀或其他创意形式，将其与环保结合。

5. 故事叙述：讲述一个短小精悍的故事，如一个从非环保生活方式快速转变到环保生活方式的经历。

6. 实用技巧：用户喜欢直接、实用的内容。例如，你可以制作一个"5 种方式减少塑料使用"的视频，每种方式用几秒钟的时间展示。

7. 强调视觉冲击：如展示被塑料污染的海滩与清洁海滩的对比，然后提供一个简单的环保行动建议。

8. 使用标签和话题：合理使用热门标签和话题，可以帮助视频获得更多的曝光。

9. 邀请互动：在视频结尾加上问题或建议，鼓励用户在评论区互动，如"你有什么环保建议？留言告诉我！"

10. 与网红或 KOL（关键意见领袖）合作：寻找与你主题相符的网红或 KOL 合作，共同推广环保理念，扩大影响力。

第 3 章

短视频标题撰写与优化

在短视频领域，标题作为内容的门面，起着至关重要的作用。一个吸引人的标题可以让用户忍不住点击观看，从而增强视频的传播效果。本章将讨论如何借助 AIGC 完成短视频标题的撰写与优化，并介绍用 AIGC 生成吸睛短视频标题的方法与技巧。

3.1 认识短视频标题

短视频标题是我们在发布视频时，要填写的关于这条视频的描述性文案。换句话说，短视频标题是对短视频内容的简洁、精练的概括性描述，旨在吸引用户点击观看。一个好的短视频标题通常为 5 ~ 15 个字，能够有效激发用户的好奇心和兴趣。短视频标题需要具备易读性、突出性和独特性，同时要遵循相应的平台规则和法律法规。

1. 短视频标题的作用

短视频标题起着非常重要的作用，在一定程度上决定用户是否点击观看，以及看完视频之后是否要留言说点什么。一个好的标题，不仅能够快速吸引用户的眼球，让用户观看完短视频，提升视频的完播率，而且还能促进粉丝点赞、评论和转发，提升视频互动率。

短视频标题的作用主要表现在以下几个方面，如图 3-1 所示。

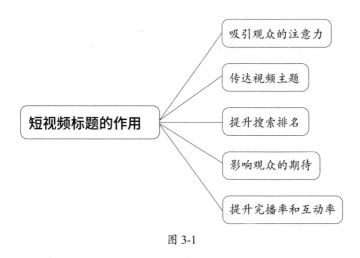

图 3-1

（1）吸引观众的注意力

在信息爆炸的时代，人们每天会接触到大量的信息。一个吸引人的短视频标题，可以使创作者的视频在无数视频中脱颖而出，引起用户的注意。用户在浏览各种内容时，标题往往是他们首先看到的元素，一个好的标题可以极大地提升视频的点击率。

（2）传达视频主题

标题是传达视频主题的重要工具。用户通过标题可以快速了解视频的主要内容，这对于他们决定是否观看视频至关重要。一个清晰、准确、引人入胜的标题可以更好地引导用户了解创作者的视频内容。

（3）提升搜索排名

在搜索引擎优化（SEO）中，标题也起着重要的作用。搜索引擎会抓取视频标题中的关键词，对视频进行分类和排名。一个包含重要关键词的标题，可以提高视频在搜索结果中的排名，从而获得更多的流量。

（4）影响观众的期待

标题可以设定用户对视频的预期。一个好的标题就是一个引人入胜的预告，引导用户点击观看。同时，标题也可以帮助用户从中了解视频的大致内容，避免失望。

（5）提升完播率和互动率

通过精心设计的标题和视频内容，可以有效提升视频的完播率和互动率，这是所有短视频创作者追求的目标。

⚠ 名师点拨：*短视频标题直接关系到短视频是否可以获得平台的推荐，以及能否成为爆款。*

---

2. 短视频标题的特点

短视频标题的特点是简洁明确、吸引人眼球、具有悬念或独特性，并能准确反映视频内容，以引起目标受众的兴趣。一个好的短视频标题应该具有以下几个方面的特点，如图 3-2 所示。

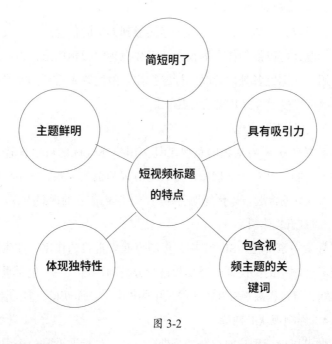

图 3-2

● **简短明了**

短视频标题应该尽可能简短，容易记忆，并且能够快速传达视频的核心信息。一个有效的短视频标题一般不会超过 10 个字，过长或晦涩的标题可能会使用户失去兴趣。例如，"猫咪教你如何做懒人美食"，该标题简单明了，指明了视频的主题（懒人美食）和亮点（由猫咪教学），能够吸引喜欢美食和宠物的用户。

● 具有吸引力

标题是影响用户是否点击观看视频的重要因素，一定要有吸引力，可以通过设置悬念、疑问、互动等方式来吸引观众，促进他们观看视频内容。例如，"惊险刺激的极限运动瞬间"，该标题使用了吸引人注意力的词语"惊险"和"刺激"，能够吸引喜欢极限运动的用户。

● 包含视频主题的关键词

标题应该包含与视频内容相关的关键词，这样可以提高其在搜索引擎的搜索排名，增加视频的点击率。此外，这也有助于用户通过搜索找到他们感兴趣的视频。例如，"旅行日记：探索北欧冰雪奇观"，这个标题中的关键词"旅行日记"和"北欧冰雪奇观"表明该视频是对北欧冰雪景观的探索和记录。这个标题能够吸引喜欢旅行和冰雪风景的用户。

● 体现独特性

短视频标题要尽量与众不同，有独特性，例如，"年轻人的穿搭秘诀揭秘"，该标题使用吸引人眼球的词语"秘诀"和"揭秘"，又突出了视频的独特性（适用于年轻人），能够吸引喜欢时尚穿搭的年轻用户。

● 主题鲜明

主题鲜明指短视频在内容和形式上都能够清晰地传达出一个明确的主题或中心思想。这种主题鲜明的特点可以使短视频更有针对性和吸引力，让观众更容易理解和产生共鸣。例如，爱情主题短视频"一生只够去爱一个人"，这个视频通过一系列感人的镜头展现了一个感人至深的爱情故事，主题明确，用情感打动观众。

> ⚠ **名师点拨**：虽然短视频标题需要吸引人，但过度夸张或使用"点击诱饵"式的标题可能会引起用户的反感。

3. 短视频标题的类型

吸引人眼球的短视频标题不仅需要有趣的内容，还需要巧妙的包装和推广。接下来，让我们看看如何通过各种类型的标题，有效吸引观众的注意力，增加视频的点击率和完播率。

● **问题式标题**

提出一个引人入胜的问题，让观众产生求知欲和好奇心。确保问题与视频内容紧密相关。例如，"你的护肤品真的安全吗？"

标题直接提出了一个消费者日常生活会面对的问题，即护肤品的安全性问题。护肤品作为个人日常护理的重要部分，其安全性自然是消费者关心的焦点。因此，这个问题能够引起消费者的关注和反思，达到直击痛点的效果。标题形式为疑问句，带有探索和求知的意味，让观众想要寻找答案，从而看完整个视频。由于护肤品是很多人每天都会使用的，所以该标题很容易引发观众的共鸣和互动。观众可能会在评论区分享自己的使用经验或者对某些护肤品安全性的疑虑。

● **指令式标题**

明确指导观众采取行动，突显视频的实用价值。例如，"跟着陶老师每天练习，轻松拥有易瘦体质！"

标题中的"跟着陶老师每天练习"是一种直接的指令，这种指令能让观众知道他们应该做什么，加强了观众的参与感。指令式标题强调视频的实用性，观众可以直接从视频中学习知识或得到收益。这种实用性使得观众更有动力观看视频。标题中的"轻松拥有易瘦体质"是很多用户追求的目标，可以激发观众的观看欲望。同时，观众可能会在评论区分享自己的学习和实践过程，从而增加互动率。

● 悬念式标题

制造悬念，使观众有强烈的欲望想了解其中的故事也是很好的标题拟订策略。注意保持悬念和视频内容的关联。例如，"震惊！床底下竟有这种东西？"

标题通过"震惊！床底下竟有这种东西？"这样的表述制造了悬念，使得观众产生了强烈的好奇心，想要了解床底下的东西到底是什么。这种引人入胜的悬念式标题能够吸引观众点击视频，并且在观看过程中由于想要揭示悬念，所以能够提升完播率。另外，这样的悬念也能引发观众在评论区的讨论，提升互动率。

● 引用式标题

借用名人名言或热门语句，吸引观众关注，但要确保引用内容与视频主题相符，增加传播力度。例如，"马云：年轻人怕压力，你就白活了！"

标题中引用了马云的话，通过名人效应，能够吸引更多的观众关注。同时，马云的影响力也为视频内容的权威性提供了一种保证。标题中的"年轻人怕压力，你就白活了"这句话可能会引发许多年轻人的共鸣。这样的引用式标题能够引发人们的讨论和分享，这不仅能提高视频的观看率，还能提高其传播力度。

● 情感式标题

情感式标题要能唤起观众的情感共鸣，营造温馨或感人的氛围，用词要真诚且具有感染力，增加观众与视频的连接。例如，"孝顺大叔背着母亲来赶集，让人感动到热泪盈眶！"

标题描绘了一个孝顺的大叔背着他的母亲来赶集的情景。这个画面能引发观众的情感共鸣，尤其是对于那些重视家庭的观众。标题中"让人感动到热泪盈眶"这句话直接传达了短视频创作者的情绪，这种情绪的传递可以进一步引发观众的情绪共鸣，让观众有更强的欲望去观看视频。

● **数字式标题**

使用数字以简洁明了的方式传达信息，使标题更具吸引力，例如，"3招让你成为一个狠人！"

标题中的"3招"简化了信息，使得观众产生想要了解这3招是什么、为什么能让人成为一个狠人的好奇心。标题中的"狠人"一词，也可能会吸引那些想要变得更强大或更独立的观众。

● **对比式标题**

通过对比来吸引观众关注，让观众在思考中产生好奇。例如，"长相相同的两个女孩，却有着截然不同的命运。"

这个标题之所以能够引起人们的关注，主要是因为它利用了对比的手法。"长相相同"的两个女孩应该有相似的生活，但标题中的"却有着截然不同的命运"打破了这种预期，形成了强烈的对比，使得标题更有吸引力。观众会好奇：为什么长相相同的两个女孩会有如此不同的命运？这种情况是如何发生的？这会刺激观众的好奇心，使得他们更愿意观看视频。这个标题也能引发观众的情感反应，观众可能会同情命运不如意的女孩，会对命运较好的女孩感到羡慕，这些情感反应都有助于增加视频的完播率和互动率。

● **挑战式标题**

激发观众的挑战欲望，使其参与互动，例如，"画圆挑战，太刺激了，留着以后玩！"

"画圆挑战"直接向观众提出了一个看似简单，实则可能有难度的挑战，从而吸引观众参与进来。挑战式的标题往往能鼓励观众参与互动，观众可能会在完成挑战后在评论区分享自己的体验，或者将视频分享给朋友一起接受挑战，从而增加视频的互动率和传播率。

● **趣味式标题**

用幽默诙谐的文字让观众感到轻松愉快，引导他们关注，例如，"上厕所得叼支烟，全网最搞笑的狗，吃饺子得蘸醋，都它说了算！"

上厕所时叼着烟，吃饺子时要蘸醋，这些都是人的行为，被赋予到狗狗身上，产生了强烈的幽默感，令人忍俊不禁。通过夸张而富有趣味性的描述，会让观众好奇这个狗狗是如何做到的，这种好奇心使观众有更大的动力去点击观看视频。

● **新闻式标题**

新闻式标题通常采用简洁、直白的语言，以直接告诉观众视频的主要内容。

例如，"世界之巅！全球最高楼竣工，一览云端，见证人类壮举！"

这个短视频新闻式标题采用了更具有冲击力和吸引力的语言，通过使用"世界之巅""一览云端"和"见证人类壮举"等词语，给人一种唯美、震撼和令人兴奋的感觉。

● **蹭热点式标题**

蹭热点式标题是指在短视频平台上利用当前热门话题创作标题，以吸引观众点击观看。这种标题通常通过结合热门话题的关键词、热点事件来吸引观众的兴趣。

例如，"闪耀登场！全球范围内'独角兽'热潮风头正劲，究竟是新经济的革命还是泡沫的隐忧？"

传统标题通常会简单明了地介绍视频主题，指出全球范围内"独角兽"热潮的现象。然而，为了吸引更多观众的兴趣，短视频蹭热点式标题采用了更具有吸引力的叙述方式。它通过使用"闪耀登场""新经济的革命"和"泡沫的隐忧"等词语，更好地引起观众的好奇心，并激发他们点击观看视频的欲望。

3.2　短视频标题创作的核心要点

在前文中，我们了解了短视频标题的概念、类型以及它们在吸引观众方面的重要性。那么，如何创作出吸引人眼球的短视频标题呢？接下来，我们将探讨短视频标题创作的核心要点，从而更轻松地创作出高质量、具有吸引力的短视频标题。

1. 了解目标用户

了解目标用户是创作短视频标题的关键一步，创作者需要了解他们的兴趣、需求以及习惯。

如果目标用户是热爱健身的年轻人，标题可以是"五分钟带你了解2024 年最新健身趋势"或"如何在家中有效做核心训练"。这种标题不仅直接显示了视频的主题，还强调了内容的实用性，以吸引目标用户的注意力。

如果目标用户是喜欢烹饪的家庭主妇，标题可以是"手把手教你做家庭版川菜"或"10 分钟内快速制作营养早餐的 5 种方法"。这些标题清晰地向目标用户表明了视频的内容，并突出了内容和她们的相关性和实用性。

2. 突出主题

明确的主题和关键词可以使标题具有指向性，帮助观众在海量的信息中迅速识别出他们感兴趣的内容。

假设创作者制作了一个短视频，内容是介绍一款新型的电动汽车。为了突出主题，标题可以是"一起来体验最新款的特斯拉电动汽车"或者"新型电动汽车测评：特斯拉 2023 款"。这些标题都明确提出了视频的主题——新型电动汽车，使得对电动汽车感兴趣的观众可以迅速找到并点击观看。

假如创作者拍摄了一个关于 Python 编程技巧的教学视频，标题可以是"Python 编程技巧全攻略：带你成为编程大师！"或者"Python 基础教学：解决编程难题的 5 个秘诀"。这些标题明确指出了视频的主题——Python 编程，让有学习需求的用户可以快速找到并观看。

3. 创新表达

创新表达是提升短视频标题吸引力的重要策略。运用不同的修辞手法，搭配不同的关键词，可以让标题更具创意和吸引力，引起观众的兴趣。

假设创作者制作了一个关于户外徒步的短视频，可以用富有想象力和创意的语句来作为标题，如"穿越森林的心脏：我和我的徒步之旅""步入未知：户外徒步的魅力与挑战"。

假设创作者创作了一个美食制作教程的短视频，创作者可以尝试使用创新的语义组合，如"当巧克力遇上草莓：一场甜蜜的烘焙之旅"或者"闪电厨房：10 分钟教你做好麻辣烫"。

4. 调动情感

调动情感是短视频标题创作中的又一个重要技巧。适当使用情感词汇，能够引起用户的情感共鸣，从而吸引他们点击和观看视频。

假设创作者拍摄了一个关于环保的短视频，可以使用一些能够引发观众情感共鸣的词汇，比如"我们的地球在哭泣：一部关于环保的短片"或者"保护母亲地球：让我们共同为环保行动起来！"

如果创作者制作了一个关于孤独的短视频，可以将标题定为"我们都是孤独的旅人"或者"当孤独成为常态：面对现代生活的内心剖析"。这些标题使用了情感词汇（如"孤独"和"旅人"），引起人们对于孤独的共鸣。

3.3 爆款短视频标题的十大写作方法

爆款短视频标题可以吸引更多的用户点击观看视频，从而增加视频的曝光率和传播力度，提高影响力和社交媒体分享度，进而实现更好的品牌宣传和推广效果，驱动业务增长和用户转化。爆款短视频标题的写作方法如下。

1. 用户痛点引入

用户痛点是指目标受众在某个领域或问题上所遇到的困扰或需求。通过了解目标受众的问题或痛点，并在标题中提供解决方案，可以引起他们的兴趣。利用用户痛点写标题的步骤如下。

（1）确定目标受众：在写作标题之前，需要先确定目标受众是谁，了解他们的特征、兴趣、需求。

（2）分析用户痛点：通过市场调研、用户反馈等方式，找出目标受众在某个领域或问题上的痛点。这些痛点可能包括挑选困难、缺乏知识、技能不足、时间压力等。

（3）撰写标题：在标题中准确地点出用户的问题或痛点，同时提供解决方案。标题要简明扼要，吸引人，可以使用一些关键词或短语来突出解决方案，如"快速解决""试试这个""如何解决"等。

（4）利用情感诱导：短视频标题也可以借助情感诱导来增加吸引力。根据目标受众的情感需求，使用一些积极情绪的词汇，如"令人惊讶的""令人振奋的""改变生活的"等，来增加标题的吸引力。

（5）测试与优化：短视频发布后，密切关注观众反馈和点击率，根据结果进行优化和调整，以提高标题的吸引力。

举例："如何在 5 分钟内摆脱焦虑？"

在这个案例中，标题利用了用户痛点引入的技巧，以摆脱焦虑为主题，吸引目标受众的关注。

第一，焦虑是现代社会许多人面临的一个普遍问题，许多人想要找到解决方案来缓解焦虑并提高生活质量。这个标题直击目标受众的痛点。

第二，标题中暗示了焦虑问题可以在短时间内解决，即"5 分钟内"。这个数字会引起目标受众的好奇心，让他们想要点击观看视频，了解具体的解决方案。

在视频内容中，可以详细分析在 5 分钟内摆脱焦虑的步骤和技巧，如呼吸练习、冥想、身体放松以及积极思考等。视频可以通过示范和解说相结合的方式向观众介绍这些技巧，并提供实际可行的建议。

2. 引起好奇心

好奇心是人类的一种天性，我们都希望了解未知的事情，探索新的领域。利用悬念和引人入胜的词语来引起用户的好奇心，可以吸引他们点击观看视频。以下是关键步骤。

（1）制造悬念：在标题中制造悬念是吸引用户的好方法。通过用一些神秘的词语，如"秘密的""未曝光的""惊人的"等，来引起用户的好奇心。悬念可以关于剧情、结果、答案或新发现等，让用户产生强烈的探索欲望，想要了解更多。

（2）制造难以抗拒的诱惑：除了悬念，还可以在标题中制造一种难以抗拒的诱惑，如"不可错过的""绝对惊险的"等词语，让用户感到错过了会有遗憾，从而激发他们点击观看的欲望。

但要注意，如果标题充满了诱惑，但视频内容不能满足用户的期待，可能会导致观众失去兴趣甚至产生负面效果。

举例："10 个让你大笑不已的意外瞬间！"

- 标题中使用了"10 个"和"意外瞬间"来引起用户的好奇心。

数字10暗示了有多个意外瞬间，用户可能会好奇这些意外瞬间是什么。同时，"意外瞬间"这个词语也暗示了一些突发和出人意料的情况，进一步增加了用户的好奇心。

- "大笑不已"这个词语，将用户的注意力引向一个令人开心、愉快的观看体验，暗示视频内容有一系列令人捧腹大笑的情节。

3. 利用名人效应

通过在标题中体现某个名人相关事迹，可以利用名人的权威性和吸引力，成功吸引观众的兴趣。但请务必确保所引用的名人观点真实准确，同时内容能够真正满足观众的期望，给他们带来价值。

下面是关键步骤。

（1）选择适合的名人：在选择名人之前，需要了解目标受众的兴趣和喜好，以确定哪位名人对他们具有影响力和吸引力。名人可以是行业专家、成功人士、明星艺人等。

（2）引用观点或事迹：从所选择的名人中找到相关的观点或事迹，在标题中引用。观点可以是关于某个专业领域的见解，对某个事件的看法，事迹可以是他们的人生或职场成功的经验等。

（3）让标题更有吸引力：在标题中突出名人，同时使用便于理解和有吸引力的词语和短语，来引起观众的兴趣。例如，可以使用"名人视角""成功秘诀""专家分享"等词汇。标题要简明扼要。

举例："李安导演的成功秘诀！"

- 李安作为一位知名导演，他的成功经验对于电影爱好者和创作人来说是有吸引力的。这样的标题能够让观众对视频感兴趣，想要了解李安导演的成功经验。

- 标题中的"成功秘诀"这个词语可以引发观众的好奇心和期待。观众通常对成功者的经验、策略和秘诀感兴趣，期望从他

们的故事中获取灵感和启发。通过设置这个悬念，标题更能吸
引观众的注意力。

- 通过将李安导演的名字和成功秘诀相关联，赋予了视频内容更
大的权威性和吸引力。

4. 突出特定的好处

通过在标题中突出视频的特定好处或价值，吸引受众的注意力并激
发他们的兴趣和需求，具体体现在以下几个方面。

- 明确视频的好处或价值：要明确视频能够给观众带来哪些好处
或价值，这可以是娱乐、知识、技能、情感等方面的收获。例
如，一个健身视频可以突出锻炼身体的好处，一个美食视频可
以突出味觉享受的价值。
- 善用数字强调视频的特定好处：例如，"5 个减肥小贴士，让你
轻松瘦身"强调了减肥视频的实用性；"10 首经典英文歌曲，
轻松提高英语听力"则突出了英语学习视频的价值。

举例："3 个关键技巧，让你成为更好的演讲者！"

这个标题是一个很好的例子，突出了视频的特定好处或价值。

- 这个标题明确地告诉观众，视频将提供让他们成为更好的演讲
者的关键技巧。对于那些希望提高演讲能力的人来说，这个标
题是极具吸引力的。
- 标题中的明确的数字可以引起观众的兴趣和好奇心。
- 这个标题使用"更好的演讲者"这个短语，能够让观众感受到
积极、鼓舞人心的情感。它暗示着通过学习视频中的技巧，观
众可以成为更好的演讲者，这种情感共鸣可以激发观众的兴趣
和动力。
- 标题中的"关键技巧"一词是独特的卖点，它暗示着视频中提

供的是一些独特的、重要的技巧，观众在其他地方可能无法获得。这种独特卖点可以引起观众的好奇心，让他们想要了解更多关于视频内容的信息。

5. 使用数字和统计数据

前文已提过，数字和统计数据可以吸引观众注意，增强信息的可信度。

例如，"50%的人都不知道的秘密技巧！"这个标题就很容易引起人们的好奇心，让人想要知道这个秘密技巧是什么，以及为什么有这么多人不知道它。

在正文中，短视频创作者可以详细解释这个秘密技巧是什么，并提供具体的例子和情境。

此外，短视频创作者还可以进一步分析为什么有50%的人不知道这个秘密技巧，如是因为缺乏宣传，人们对此技巧的认识有误区，或者没有足够的信息来源来了解这个技巧。通过分析这些因素，短视频创作者可以进一步推广这个秘密技巧。

6. 使用明确的行为动词

在标题中使用明确的行为动词可以激励观众采取行动，这样的标题可以传达一种紧迫感，使观众觉得他们会错过一些重要的信息或经验，除非他们立即采取行动。

举个例子，一个标题说："立即下载最新报告，掌握行业趋势！"这个标题中的"立即下载"是一个明确的行为动词，它告诉读者现在就需要采取行动，以获取最新的行业报告。这种紧迫感使读者觉得如果不立即行动，就可能会错过重要的行业信息。

7. 制造争议

制造争议是吸引观众注意力的一种有效方法，会激起人们的好奇心和热情，并引发辩论和讨论。

例如，"谁是最佳电影演员？马特·达蒙还是莱昂纳多·迪卡普里奥？"人们有自己喜欢的演员，通过将这两位演员放在一起进行对比，可以引起观众之间的辩论。

在正文中，短视频创作者可以提供关于这两位演员的信息，包括他们的经典角色、荣誉和成就。短视频创作者可以通过列举这两位演员的电影作品、获得的奖项和评价，来支持自己的观点。同时，短视频创作者还可以引用其他人的观点和意见，展示声音和观点的多样性。

人们热衷于分享自己的喜好和意见，并与他人进行辩论。这样的标题可以激发观众对话题的兴趣，并促使他们参与到讨论中。

8. 使用幽默或奇趣元素

使用幽默或奇趣的元素可以吸引观众的注意力，并增强文本的趣味性。

举个例子，"猫咪和狗狗的搞笑对决！"这个标题中的幽默和奇趣元素在很大程度上可以吸引观众的注意力。猫与狗是两种非常受欢迎的宠物，而搞笑的对决让人们马上想到一些有趣的情景和行为。这个标题会让人们好奇这个对决是什么，以及猫咪和狗狗之间会发生什么有趣的事情。

在视频中，短视频创作者可以提供关于猫咪和狗狗的互动，如追逐、玩耍、躲猫猫、抢夺玩具等。同时，短视频创作者还可以使用插图或照片来增强幽默和奇异感。

人们喜欢观看和享受一些有趣的事情，因此这样的标题可以引起他们的共鸣并促使他们进一步了解视频内容。

9. 提供实用建议或技巧

提供实用建议或技巧是吸引观众的一种有效方法。如果标题中的建议或技巧可以帮助观众解决问题或改善生活，他们就会被吸引。

例如，"5个让早上更有活力的简单技巧！"这个标题提供了可以在早上增加活力的方法。早起状态不佳是许多人面临的一个问题，这个标题可以吸引那些希望改善早起状态的读者。

在视频中，短视频创作者可以详细介绍这5个让人早上更有活力的技巧是什么，如早起、喝一杯水、进行简单的锻炼等。作者可以介绍这些技巧的原理或提供个人经验，并解释它们为什么有效。

10. 使用与当下热点相关的词语

使用与当下热点相关的内容可以吸引观众的兴趣，并引发他们对相关事件或话题的好奇心。

例如，"××发布会上最令人震惊的瞬间！"这个标题中"最令人震惊"凸显了某个发布会中发生了出乎意料的事件或情况。人们通常对那些令人惊讶或不寻常的事情感兴趣，因此这个标题可以吸引观众的注意力。

在视频中，作者可以详细解释这个发布会中发生了什么，提供事件的背景和相关细节，并进行分析和评论。

3.4 使用 AIGC 撰写短视频标题的优点

AIGC已经成为创作领域的重要工具，它可以用来生成各种内容。短视频创作者可以使用AIGC来撰写短视频的标题，不仅可以节约大量时间，还可更有创意。使用AIGC撰写短视频标题具有很多优点，具体如下。

- 省时省力：使用 AIGC 可以快速生成大量短视频标题，极大地节省人工撰写标题的时间和精力，同时还能够提高标题质量。
- 创新性：AIGC 是一种先进的 AI 技术，能够根据输入和预训练的数据生成创新和独特的标题。
- 可定制性：创作者可以根据需要提供关键词或短语，AIGC 将以此为基础生成相关标题。
- 自适应机制：AIGC 具有自适应机制，能够根据用户的搜索历史、偏好和行为，生成高度个性化的短视频标题，更容易吸引用户点击。
- 支持多语言：AIGC 可以支持多种语言，这对于需要在全球范围内发布短视频的企业和机构来说，非常重要和便捷。
- 优化搜索引擎排名：使用 AIGC 撰写短视频标题可以提升标题与内容的匹配度，并对短视频在搜索引擎中的排名产生积极影响，让更多人能够看到视频，增加视频的曝光度。

使用 AIGC 撰写短视频标题虽然有很多优点，但请注意，AI 生成的内容一定要经过人工审核和修改，以确保其适宜性和准确性。

3.5 使用 AIGC 撰写短视频标题的方法和步骤

以下是使用 AIGC 撰写短视频标题的方法和步骤。

（1）确定视频主题：确定视频的主题，明确要传达的信息和目标受众，这有助于后续使用 AIGC 生成相关标题。

（2）收集与主题相关的关键词和短语：根据视频的主题，收集与之相关的关键词和短语。这些关键词和短语可以作为让 AIGC 生成标题的依据。

（3）社交媒体热点分析：分析当前社交媒体上的热点话题和流行语，了解用户的兴趣和偏好。这些热点可以作为输入给 AIGC 的参考，来生成与用户当前关注的话题相关的标题。

（4）设定标题长度和类型：根据视频的内容和平台要求，设定标题的长度和类型（如问句、命令式、指定表述风格等）。这有助于 AIGC 生成相应风格和形式的标题。

（5）使用 AIGC 生成标题：将前面步骤中收集到的关键词、短语和热点作为输入，结合设定的标题长度和类型，使用 AIGC 来生成创意标题。可以多次尝试不同的输入组合和参数设定，直到得到满意的标题。

（6）筛选和优化：从 AIGC 生成的标题中筛选出最具吸引力的几个标题，对这些标题进行优化、修改、调整或补充文字，以确保其语义准确、表达简洁明了，对用户有吸引力。

（7）用户反馈与测试：将生成的标题应用于视频，并根据用户的反馈进行调整和改进。不断测试和优化标题，以提高视频的点击率。

3.6 投喂标题物料来训练 AIGC 撰写标题

通过投喂标题物料来训练 AIGC，可以让它更好地生成具有吸引力的短视频标题。以下是训练 AIGC 以生成短视频标题的方法与操作过程。

第一步：收集标题样本。

从互联网上收集大量具有吸引力的优秀短视频标题样本。可以通过数据分析工具收集热门短视频平台上具有高点击率和互动率的视频标题。

第二步：整理和分类。

对收集到的标题样本进行整理和分类，以便在训练过程中有针对性地使用。可以根据视频主题、风格和目标受众进行分类。

第三步：发出指令。

提供足够的背景信息，清晰告知 AIGC 我们的需求，语言要简单明了。

第四步：微调 AIGC。

使用收集到的训练数据集对 AIGC 进行微调，这样可以使 AIGC 在生成短视频标题时更加贴近实际需求和潮流趋势。

第五步：评估和调整。

在微调过程中，不断评估 AIGC 生成的标题质量。如果发现生成的标题不够好，可以进一步优化训练数据集，添加更多吸引力强的样本。

下面通过 2 个案例的实战操作，进一步介绍用 AIGC 撰写标题的方法与技巧。

【案例 1】使用 AIGC 撰写关于护肤品的短视频标题。

第一步：收集标题样本。

根据视频主题，在网络上收集一些与主题相关的优秀标题，如"一周护肤挑战：看看我的变化！""护肤新手入门：从零开始极简护肤""夜间护肤秘诀"。

第二步：整理和分类标题样本。

将一些爆款短视频标题样本发送给 AIGC，让 AIGC 学习。

🔟 **我的输入**：我需要写一些爆款短视频标题，请你担任我的标题写作创意顾问，写出吸引人的标题，现在我把吸睛标题的类型和样本发给你，收到后不需要回答其他，只要回复"明白"就可以了。

问题式标题：提出一个引人入胜的问题，让观众产生求知欲和好奇心。确保问题与视频内容紧密相关。例如，"你知道这个厨房小妙招吗？"

指令式标题：明确指导观众采取行动，强调视频的实用价值。使用直接且积极的语气。例如，"跟着我一起学瑜伽，打造完美身材！"

悬念式标题：创建一个神秘的环境或制造悬念，使观众有强烈的欲望了解其中的故事。注意保持悬念和视频内容的关联。例如，"她的改变让所有人震惊，快来看一看！"

引用式标题：借用名人名言或热门语句，吸引观众关注。确保引用内容与视频主题相符，增加传播力度。例如，"马云说，这个技能你一定要学会！"

情感式标题：唤起观众的情感共鸣，创造温馨或感人的氛围。用词要真诚且具有感染力，使观众与视频内容建立情感连接。例如，"感人至深的母爱，让人热泪盈眶！"

数字式标题：使用数字以简洁明了的方式传达信息，使标题更具吸引力。例如，"3 分钟教你 5 个实用生活小窍门！"

对比式标题：通过对比反差来吸引观众，让观众在思考中产生好奇。例如，"她们长得一模一样，却有着截然不同的命运！"

挑战式标题：激发观众的挑战欲望，使其参与互动。用语要积极向上，鼓励观众积极参与。例如，"跟着我一起挑战 30 天无糖生活！"

趣味式标题：用有趣的文字让观众感到轻松愉快。例如，"地球上最搞笑的狗狗，看完笑出腹肌！"

在生成标题时，可以尝试将不同类型的标题相互融合，形成更具创意和吸引力的组合。同时，要确保标题内容真实，避免误导观众。

⑥ 明白。

第三步：发出指令。

🔟 我的输入：现在我想写关于护肤品的短视频标题，请模仿前面的标题案例与类型，生成 5 个爆款标题。

⑥ 当然，以下是我为您准备的关于护肤品短视频的标题。

1. 问题式标题：你的肌肤为何不能像她一样无瑕疵？

2. 指令式标题：跟着我一步步打造无瑕肌肤，告别油光！

3. 悬念式标题：用了这款护肤品一个月，结果让所有人都惊呆了！

4. 引用式标题：宋慧乔的肌肤秘密，你知道吗？

5. 情感式标题：走过痘痘期，我找回了自我，你也可以！

第四步：微调。

🔟 我的输入：以上标题不够简洁有力，注入煽动性的元素再写一遍。

⑥ 当然，我会再尝试创作一些更具煽动性的标题。

1. 问题式标题：为何你的肌肤不如她？

2. 指令式标题：立刻跟我学，告别油脸！

3. 悬念式标题：值得一试的神奇护肤品，不信你看！

4. 引用式标题：宋慧乔肌肤秘密，你不知道吗？

5. 情感式标题：战胜痘痘，我做到了，你也行！

第五步：评估和调整。

🔟 我的输入：突出情感、收益或风险，再生成 5 个标题。

🌀 当然，以下是突出情感、收益或风险的标题建议。

1. 护肤品误区，你中招了吗？

2. 只需一瓶，告别所有肌肤问题，你敢尝试吗？

3. 化妆品过敏？看我如何挽救我的肌肤！

4. 皮肤干燥，只因你还不知道这个秘诀！

5. 跟着我，三分钟解锁美肌，错过可能后悔一生！

【案例 2】使用 AIGC 撰写关于健身器材的短视频标题。

第一步：收集爆款标题样本。

在小红书上收集一些爆款标题，把标题的主题隐去，制作成爆款标题样本。

第二步：发送给 AIGC 整理和分类。

🔟 我的输入：总结如下 40 个爆款标题有哪些特点。

1. 没有人可以拒绝 ××

2. ×× 的隐藏吃法！店员都围观我

3. 有幸在 ×× 家吃过一回，炫不停！

4. 绝了！你可以永远相信 ××！

5. 直接炸裂！×× 也太好看了吧

6. 盘点那些被包装耽误的 ××

7. 多少次早起就为了吃这一口 !!

8. 我又快乐了，这个 ×× 简直神了

9. 私藏，一般人我不告诉他

10. 这个 ×× 我能吹一辈子

11. 干货 ××，帮你提升自我价值

12. 被问了 100 遍的 ××，绝了！

13. 快码住 !××5 大技巧总结

14. 有了 ××，没人比你更早下班！

15. 答应我一定要试试 ××，绝了！

16. 10 分钟搞定鲜嫩美味的 ××

17. × 家平价 ×× 分享！低至 × 元

18. 被朋友圈怒赞的 ×× 才 × 元

19. 靠谱有用 ×× 个省钱技巧！	20. 刘亦菲们，快告诉我哪张好看！
21. 不服不行！×× 太绝了	22. 浅浅期待一下 ××
23. 我真的好喜欢我的 ×× 啊	24. 通勤党本命 ××! 我真的太爱了
25. 沉浸式开箱 / 护肤 / 化妆	26.99% 的人不知道的 ××，让我 ××
27. 居然有人会说 ××? 我真的会 ××	28. 别以为你 ×× 就可以 ××!
29. 你是不是和我一样，××!	30.×× 爆火的背后，是 ××!
31.×× 关系中过度 ×× 是怎么回事？	32. 请大数据把我推荐给 ××
33. 你要悄悄变 ×，惊艳所有人	34. 女生一定要学会 ××! 格局炸裂
35. 我宣布 ×× 最 ×× 的在这里！	36. 全网最 ×× 的 ××，它才是王炸
37. 任何人错过 ×× 我都会很伤心	38. 后悔没有早点 ××
39. 整容级 ×× 技巧！有手就会	40. 我的 ×× 逆袭进化史

🌀 40 个爆款标题所展现出的特点主要包括以下内容。

1. 利用"极端表述"抓住用户眼球，如"没有人可以拒绝 ××""不服不行！×× 太绝了""绝了！你可以永远相信 ××!"等。

2. 运用"个人体验"提高可信度，比如"有幸在 ×× 家吃过一回，炫不停！""我真的好喜欢我的 ×× 啊""我又快乐了，这个 ×× 简直神了"等。

3. 使用"独家揭秘"激发用户好奇心，如"×× 的隐藏吃法！店员都围观我""私藏，一般人我不告诉他""99% 的人不知道的 ××，让我 ××"等。

4. 强调"社群认同感"，如"通勤党本命 ××! 我真的太爱了""你是不是和我一样，××!""请大数据把我推荐给 ××"等。

5. 提供"实用指南"，如"10 分钟搞定鲜嫩美味的 ××""快码住！××5 大技巧总结""有了 ××，没人比你更早下班！"等。

6. 引入"名人效应"，如"刘亦菲们，快告诉我哪张好看！"

7. 针对"消费诱导"，如"× 家平价 ×× 分享！低至 × 元""被朋友圈怒赞的 ×× 才 × 元"。

8. 结合"热点趋势"，如"×× 爆火的背后，是 ××!""我的 ×× 逆袭进化史"。

9. 描述"梦想成真"或者"翻身"的场景，如"你要悄悄变 ×，惊艳所有人""整容级 ×× 技巧！有手就会"。

10. 语言直接、口语化，如"直接炸裂 !×× 也太好看了吧""我宣布 ×× 最 ×× 的在这里 !"等。

这些特点可以吸引用户注意力，激发用户好奇心，促使用户进行点击。

第三步：输入指令。

🔟 **我的输入**：现在我想写关于健身用品的短视频标题，请参考前面爆款标题的 特点，生成 10 个爆款标题。

✦ 当然，下面是我为你生成的关于健身用品的 10 个短视频标题，这些标题参 考了之前讨论的爆款标题的特点。

1. 没人能拒绝这个超有效的健身器械！

2. 我的最爱！这个器材让我从此爱上健身。

3. 别以为只有健身房才可以健身，试试这个家用健身器材吧！

4. 你是不是和我一样，痴迷于这款便携健身器材？

5. 告别健身房，家里就能练得汗流浃背！

6. 任何人错过这款多功能健身器材我都会很伤心！

7. 全网最实用的健身器材，它才是王炸！

8. 我健身逆袭的秘密武器，就是它！

9. 别再问我怎么保持好身材，全靠这款健身神器！

10. 这个健身球，我能吹一辈子！

第四步：评估和调整。

🔟 **我的输入**：突出情感、收益或风险，再生成 10 个标题。

✦ 当然，下面是我为你生成的 10 个突出情感、收益或风险的健身用品短视频 标题。

1. 再不用这款健身器材，你可能会后悔一辈子！

2. 我又快乐了，这款健身器材简直是我的救星！

3. 答应我一定要试试这款健身器材，它会彻底颠覆你的认知！

4. 这款健身器材让我彻底摆脱肌肉疲劳，你也值得拥有！

5. 健身生涯从这款健身器材开始，效果惊人！

6. 不用这款健身器材，你的健身效果可能事倍功半！

7. 心动的感觉，就是看到这款健身器材的那一刻！

8. 只有 10 分钟！这款健身器材帮我实现了高效锻炼！

9. 谁还不是个追求健康的小公举，这款健身器材我只推荐给你！

10. 告别健身痛苦，这款健身器材让我找回了运动的快乐！

　　以上就是利用 AIGC 创作短视频标题的全部内容。希望通过对这一章节的学习，创作者可以明白如何充分利用 AIGC 创作出优质的短视频标题。

第 4 章

短视频脚本与情节设计

短视频的魔力往往在于它紧凑且直击人心的情节。在这种微型故事的世界里，精心设计的脚本和情节可以赋予视频生命。然而，想写出足够吸引人的脚本是一项挑战，它需要非凡的创新能力，对细节的高度把控，以及对叙事艺术的深刻理解。

AI 的能力远远超过简单的数据分析和预测，它现在已经进入创作领域，通过深度学习和自然语言处理等技术，AI 可以帮助我们理解叙事结构，生成有深度、有吸引力的故事情节。

同时，AI 的创新性和高效性让我们能在更短的时间内生成更多的情节，极大地提高我们的创作效率。然而，AI 并不能完全替代人的创新和直觉，它是一个工具，一个可以帮助我们加速创作过程、拓宽创新视野的工具。

在本章中，我们将探讨如何利用 AI 来助力短视频的脚本和情节设计，创作出真正触动人心的短视频。

4.1 认识短视频脚本

写短视频脚本是短视频创作的中心环节，帮助创作者以有组织、连贯的方式传达他们的想法和信息。简而言之，短视频脚本是一个详细的指导，描述了视频的每一个细节。

短视频脚本与传统电影或电视剧的脚本有所不同，原因在于短视频性质特殊，短视频的时间通常只有几分钟，必须在极短的时间里精准且有效地表达创作者的想法和主题，这就要求短视频脚本更为紧凑、直接，更引人入胜。

1. 短视频脚本的作用

短视频脚本在短视频制作中起着关键作用。它不仅是制作人员在创作过程中的参考指南，也是通过短视频传达信息和情感的基础。以下是短视频脚本的几个主要作用。

（1）传达信息

短视频脚本是传达信息的基础。通过设计和编写有效的脚本文案，可以清晰地向观众传递创作者希望他们了解的信息。

【案例】假设创作者是一家健康饮食品牌的市场人员，正在制作一个短视频介绍一款新推出的有机果汁。创作者需要清晰地向观众传达产品的关键信息，如产品的成分、生产过程，以及消费者为什么要选择这款有机果汁。

画面一：显示新鲜的有机水果。

旁白："我们的有机果汁是用最新鲜的有机水果制成。"

画面二：展示生产过程。

旁白："我们严格监控每一个生产步骤，确保每一瓶果汁都达到最高品质。"

画面三：展示品牌标志和产品。

旁白："选择我们的有机果汁，让你的生活更健康，更美好。"

在这个脚本中，创作者清晰地传达了希望观众了解的信息。

（2）激发情绪

短视频脚本可以用来激发观众的情绪。不同的话语、画面描述和故事结构可以引导观众产生不同的情感反应。

【案例】假设创作者正在制作一个公益广告短视频，呼吁人们关注海洋污染问题。创作者需要激起观众的情感共鸣，使他们愿意参与到保护海洋的行动中来。

画面一：一片被垃圾污染的海滩。

旁白："这些被遗弃在海滩上的垃圾，不仅破坏了海滩的景观，还威胁到了整个地球的健康。"

画面二：展示海洋生物因垃圾而受苦的画面。

旁白："海洋生物正在默默忍受着我们的疏忽带来的无尽苦难。"

画面三：人们在清理海滩垃圾。

旁白："但我们可以改变。每一个小小的行动，都可以对我们的海洋产生积极的影响。"

这个脚本通过视觉影像和有力的旁白，创造了一个富有情感共鸣的氛围，激起观众的情绪共鸣，使他们愿意参与到保护海洋的行动中。

（3）描述视觉效果

短视频脚本也为短视频的视觉效果提供了指南。通过具体的描述和指示，制作团队可以更好地理解创作者想要达到的视觉效果。

【案例】假设创作者正在创作一部关于城市生活的短视频，他需要通过脚本来告诉摄影师自己想要的视觉效果。

画面一：夜晚的城市，华灯初上，车流如织。

运镜要求：镜头缓慢推进，捕捉城市的繁华与活力。

画面二：人群在街头忙碌，镜头逐一捕捉路人的表情。

运镜要求：镜头快速切换，展示城市的快节奏和人们忙碌的生活。

画面三：早晨的城市，阳光洒在安静的街道上。

运镜要求：镜头慢慢拉远，呈现城市的宁静和美。

这个脚本文案通过具体的指示，使摄影师能够清晰地理解创作者的创作意图，呈现创作者想要的视觉效果。

2. 短视频脚本的类型

我们可以将短视频脚本大致划分为八大类：故事型、教育型、娱乐型、产品推广型、生活分享型、新闻 / 事件型、专访 / 访谈型、DIY/ 手工艺型。

（1）故事型脚本

这种类型的脚本侧重于讲述一个故事，可以是真实的，也可以是虚构的。写这种脚本关键在于如何有效地在短时间内讲述一个完整的故事，包括人物、情节、冲突等元素。故事型脚本通常在广告、公益宣传、小说改编等短视频中使用。

【案例】假设我们正在为一个环保公益短视频编写脚本。故事的主角是一个小女孩，她观察到了身边环境的变化，并决定采取行动。

画面一：小女孩在公园里玩耍，看到地上满是垃圾，表情疑惑。

旁白："小红是一个热爱大自然的小女孩，但当她看到公园遍地都是垃圾时，她感到很困扰。"

画面二：小女孩开始捡起地上的垃圾，她的朋友们看到后也加入进来。

旁白："小红决定做出改变，她的行动感染了她的朋友们。"

画面三：最后，公园恢复了整洁，小女孩和朋友们在公园中快乐地玩耍。

旁白："改变总是从小事做起，小红和朋友们的行动改变了公园，也带来了美好的未来。"

这个脚本讲述了一个非常简洁的故事，旨在引发观众对环保问题的关注。它充分利用了短视频的特点，通过小女孩的视角，将信息有效地传递给观众。

（2）教育型脚本

这类脚本的主要目的是教授知识或技能，通常会分步骤讲解，并提供相关示例。这类脚本在教学视频、解说视频、DIY 教程中较为常见。

【案例】假设我们正在为一个关于烹饪技巧的短视频编写脚本，目的是教观众制作番茄炒蛋。

画面一：主持人在厨房，面前是各种食材和烹饪工具。

主持人："朋友们，今天我要教你们一道简单又美味的家常菜——番茄炒蛋。"

画面二：主持人开始按步骤展示如何准备食材。

主持人："我们需要两个鲜嫩的番茄和三个新鲜的鸡蛋，然后我们将番茄切片，鸡蛋打入碗中搅拌均匀。"

画面三：主持人展示如何炒制这道菜。

主持人："接下来，我们在热锅中加入适量的油，然后倒入鸡蛋液，用中火煎至两面金黄后取出。然后我们在锅中倒入番茄片，翻炒至软烂，最后加入鸡蛋，加入适量的盐和糖，翻炒均匀即可。"

这个脚本用简单易懂的方式向观众展示了如何制作番茄炒蛋。每一步都详细地讲解了所需要的食材和操作方法，帮助观众理解和掌握烹饪技巧。

（3）娱乐型脚本

这种脚本的主要目的是给观众提供乐趣。这类脚本可能包含喜剧元素、悬念、冒险、动作等，以吸引观众。

【案例】假设我们正在为一个情景喜剧短视频编写脚本，故事发生在一个办公室，主要角色是一个笨拙但善良的职员。

画面一：办公室的环境，我们的主角——职员小张正忙碌着。

旁白："这就是我们的主角——职员小张，一个典型的办公室工作者。"

画面二：小张拿起一个装满咖啡的杯子，但不小心将它洒在了自己的衬衫上。小张（尴尬）："哎呀，我又搞砸了。"

画面三：小张试图清理自己的衬衫，但不小心触动了火警警报器，办公室内响起了警报声。小张（惊恐）："我真的没想到会发生这样的事情。"

这个脚本文案虽然简短，但它成功展示了主角的性格特征，同时也制造出一些引人发笑的情景。

（4）产品推广型脚本

这类脚本的主要目的是吸引观众对某个产品或服务产生兴趣，进而引导他们采取行动（如购买、订阅、分享等）。产品推广型脚本需要巧妙地展示产品的特点和优势，同时激发观众的购买欲。这类脚本在产品广告、商业宣传、新品发布等短视频中较为常见。

【案例】假设我们正在为一款智能手表的推广短视频编写脚本，以展示其功能并吸引潜在用户。

画面一：清晨，主角从睡梦中醒来，佩戴在手腕上的智能手表正在轻轻震动。

旁白："唤醒你的不只是清晨的阳光，还有我们的智能手表，它用最温柔的方式陪伴你开始新的一天。"

画面二：主角在跑步时，手表显示出跑步的速度、心率、消耗的卡路里等信息。

旁白："无论你是健身狂热者还是健康生活的追求者，我们的智能手表都能满足你的需求，帮你更好地认识你的身体，让健康不再是难题。"

画面三：主角在会议中，手表收到信息提醒，但并没有打扰到会议。

旁白："在紧张的工作中，我们的智能手表也能成为你的得力助手，它可以在你忙碌时帮你处理信息，让你无须分心。"

画面四：屏幕展示智能手表的各种颜色和款式。

旁白："时尚与实用的完美结合，总有一款能触动你的心。"

这个脚本用生动、富有情感的语言展示了智能手表的各种功能，将其融入普通人的日常生活中，使产品更具吸引力。同时，旁白的语言富有说服力，帮助观众理解产品的优势，并激发他们对产品的兴趣。

（5）生活分享型脚本

生活分享型脚本关注的是个人日常生活的记录和分享，如做饭、旅游、健身、养宠物等。这类脚本的重点是展示真实的生活瞬间，并尽可能地将观众带入分享者的生活中。

【案例】假设我们正在为一个热爱烘焙，想分享自己制作巧克力蛋糕过程的博主撰写脚本。

画面一：博主站在厨房里，面前是一堆烘焙原料。博主："大家好，我是 Lily，我超爱烘焙，今天我要和大家分享我制作巧克力蛋糕的过程。"

画面二：博主将巧克力和黄油融合在一起，镜头特写，展示巧克力顺滑的质地。博主："将优质的黑巧克力和黄油一起融化，这会让我们的蛋糕有更浓郁的巧克力味。"

画面三：博主一边搅拌巧克力和黄油，一边分享自己对烘焙的热爱。博主："我在做各种甜品时，总是能感受到一种特殊的宁静和幸福。"

画面四：博主从烤箱里拿出热腾腾的巧克力蛋糕，满意地笑了。博主："看看我们的巧克力蛋糕，它看起来多么诱人。我真希望你能闻到这香味，或许这就是生活的美好吧。"

这个脚本不仅记录了烘焙巧克力蛋糕的过程，同时也展示了博主对烘焙的热爱和对生活的享受。它将观众带入博主的生活世界，分享了一个真实、温馨的生活瞬间。

（6）新闻 / 事件型脚本

这类脚本的主要目的是将某个新闻事件或某件事情清晰、准确、及时地传递给观众。这类脚本应注重事实的准确性、逻辑的清晰性，同时考虑如何在短时间内高效传达信息。

【案例】假设我们正在为一个科技公司发布新款智能手机的新闻报道短视频编写脚本。

画面一：展示新款智能手机的外观和设计。

旁白："这是 XYZ 科技公司刚刚发布的最新款智能手机，一款集精美设计和创新技术于一身的产品。"

画面二：展示新款手机的各种功能，如高清屏幕、人脸识别等。

旁白："这款手机拥有许多卓越的特性，比如超高清屏幕、先进的人脸识别技术，以及更强大的电池寿命。"

画面三：展示发布会现场的照片和视频片段，以及 CEO 在发布会上的讲话。

旁白："在今天的发布会上，XYZ 公司的 CEO 表示，他们的目标是为消费者提供更优秀的科技产品，而这款新手机，正是他们追求卓越的最新成果。"

画面四：展示手机的预售日期和价格等信息。

旁白："这款手机将在下月开始预售，价格为 999 美元，想要体验最新科技的消费者，敬请期待。"

这个脚本准确、直接地传达了新闻信息，包括新产品的性能、公司的理念以及价格和发售日期等信息。它尽可能保证了信息的完整性和准确性，同时也利用视觉元素，如图片和视频，提高了视频的吸引力。

（7）专访 / 访谈型脚本

专访 / 访谈型脚本是一种常见的短视频脚本类型，用于展示采访和对话的过程，通过与特定人物的对话来传递信息、解析观点或探讨问题。在编写访谈短视频脚本时，需要确保文案简洁明了，重点突出，并结合视觉元素和音频效果提高视频对观众的吸引力。此外，考虑到短视频的时长限制，应精心选择问题和回答，确保信息简洁、实用和有趣。重点是要预先设计好开放式的、具有启发性的问题，以引导被访者进行深入的思考和分享。

【案例】假设我们正在为专访世界知名小说家的短视频编写脚本。

画面一：小说家坐在书房的桌子前，桌上摆满了他的作品。

主持人："今天我们很荣幸邀请到了世界知名小说家 ××，他的作品已经深深影响了全世界的读者。"

画面二：主持人向小说家提出第一个问题。

主持人："您能否分享一下您的创作灵感通常是从何而来？"

画面三：小说家分享他的创作经历和灵感来源，展示他在各种场景中创作的镜头。

小说家："我的灵感通常来自我的生活，在平凡的事物中发现不平凡的故事。"

画面四：主持人提出更深入的问题，小说家分享他对写作的理解和看法。

主持人："您如何看待写作？对于您来说，写作的意义是什么？"

小说家："对我来说，写作是我理解世界的方式，是我表达自我、探索生命的工具。"

这个脚本通过主持人提问和小说家的分享，让观众对小说家的创作过程和写作理念有了了解。同时，它也展示了小说家个人的魅力，增强了短视频的吸引力。

（8）DIY/ 手工艺型脚本

这种类型的脚本主要用于介绍特定的 DIY 项目或手工艺品制作过程，需要详细地描述每一个步骤，确保观众可以顺利地跟随制作。

【案例】假设创作者正在制作一个制作手工皂的短视频，创作者需要确保脚本包含所有必要的步骤，涵盖从材料准备到成品展示的全流程。

画面一：展示所有需要的材料和工具。

旁白："今天，我们将学习如何制作手工皂。让我们准备好所有必要的材料和工具……"

画面二：旁白详细解释制作过程的每一个步骤，如切割材料、融化皂基、添加香精油等。

旁白："首先，我们需要切割皂基，其次将其融化……"

画面三：展示制作过程中的关键步骤，如将皂液倒入模具，冷却，脱模等。

旁白："接下来，将融化的皂基倒入模具中……"

画面四：展示完成的手工皂。

旁白："经过冷却和脱模，我们的手工皂就制作完成了！"

这个脚本清晰地描述了手工皂的制作过程，使观众能够跟随视频自己动手制作。同时，它也展示了成品，激励观众在评论区展示自己的学习成果。

通过这些示例，我们可以看到，无论是哪种类型的脚本，其核心都是以清晰、有趣、引人入胜的方式向观众传达信息。

4.2 短视频脚本的构思

短视频在现代生活中占据了越来越重要的位置。那么，如何构思一个吸引人的短视频脚本呢？在本节中，我们将深入讨论这个话题，给出具体的方法和示例。

1. 短视频脚本的构思

短视频脚本的构思涉及创新思维、故事编排、角色设定和情节设计等许多方面。以下是短视频脚本构思的一些具体步骤和方法。

（1）确定主题

创作者需要先确定视频的主题，这个主题可以是任何创作者想让观众知道的信息，比如一个故事、一个概念、一个产品或者一个行为。主题需要清晰、具体，这样才能更好地辅助视频创作。

（2）明确受众

创作者的视频是为谁而做的？了解受众对于制作出受欢迎的视频至关重要。例如，如果创作者的目标受众是年轻人，那么创作者可能需要使用更流行、更有趣的元素来吸引他们。

（3）创作内容

一旦确定了主题和目标受众，接下来就可以开始创作内容了。视频可以用故事形式展示，故事不仅可以吸引观众，还可以帮助创作者更好地传达主题。创作者可以从一个想法、一个问题或者一个情境出发，慢慢完善成一个完整的故事。

（4）设置角色

角色是故事的重要组成部分。通过角色的行为和对话，可以向观众展示短视频的主题。每一个角色都需要有自己的特点和目标，这样才能使故事更生动、更有趣。

（5）设计情节

情节是连接故事各部分的桥梁。好的情节可以增加故事的紧张感，使观众更想知道下一步会发生什么。在设计情节时，你需要考虑如何使故事的进展既能吸引观众，又能顺利地传达主题。

（6）使用视觉元素

除了文字，创作者还可以使用其他视觉元素来丰富视频，这包括色彩、图像、动画等。视觉元素不仅可以使视频更美观，还可以使视频更吸引人。

（7）反复修改

编写脚本并非一蹴而就的过程，创作者需要反复修改，保持创新和开放的心态，不要害怕尝试新的想法，不要害怕失败。记住，制作短视频的最终目的是传达信息、吸引观众，只要创作者能做到这一点，就有可能创作出成功的作品。

2. 短视频脚本的结构

合理的结构能帮助观众理解信息，提高观看的愉悦度。虽然具体的结构可能会因视频的主题和内容而变化，但通常会包括以下几个关键部分。

● **开头**

这是短视频的第一部分，也是抓住观众注意力的关键。创作者需要迅速引入主题，吸引观众的兴趣，这可以通过抛出一个引人入胜的问题、一个强烈的视觉元素或者一个关于主题的简短介绍来实现。

● **发展**

这是短视频的主体部分，也是创作者需要详细阐述的地方。在这个部分，创作者需要通过各种手段（如对话、剧情、视听元素等）保持观众对视频的兴趣。

● **高潮**

这是短视频的转折点，也是观众情感最高涨的时刻。在这个部分，创作者需要通过一个关键的事件或者一个重要的悬念揭示来使视频达到高潮。这个高潮需要与主题紧密相关，以便加深观众对主题的理解和记忆。

● **结尾**

这是短视频的最后部分，也是创作者总结主题、给观众留下深刻印象的地方。在这个部分，创作者需要给出一个准确的结论或者一个激发行动的呼吁。结尾需要和开头与高潮有良好的连接，以形成一个完整的故事。

以上就是短视频脚本的基本结构，在实际创作过程中，创作者可以根据自身的需要进行调整。例如，创作者可以添加更多的发展部分，或者在高潮之后添加一个反转。无论是什么样的结构，关键是保证其脉络清晰、逻辑缜密。

4.3 短视频脚本的创作技巧

短视频的力量在于它强大的吸引力和传播性。在如今快节奏的社会中，短视频以几分钟甚至十几秒的时长，压缩大量信息和故事，深受大众喜爱。一个优秀的短视频，脚本必须精练且富有吸引力。脚本是任何视听作品的灵魂。

1．脚本的创作要素

在创作短视频脚本时，我们需要了解并考虑许多要素。以下是一些重要的创作要素和关键思考点，希望能帮助你更好地理解和创作出高质量的短视频脚本。

● 主题和故事

每个短视频都应该有一个核心主题，这个主题最好用故事的形式呈现。主题可以是人性、爱情、勇气、牺牲等，要有足够的吸引力和深度，以便在短时间内引起观众的兴趣。

创作故事时，要考虑它的结构。通常，一个故事包括开端（设定环境和人物）、冲突（主要的问题或挑战）和结局（解决冲突的方式）。在短视频中，创作者需要在这三个元素的基础上设置大量冲突与反转，以实现引人入胜的效果。

● 角色

角色是故事的重要部分，他们应该是生动的、多维度的，有自己的动机、愿望和恐惧，性格必须足够鲜明，即使在短时间内，观众也能与角色产生情感连接。

为了创建有吸引力的角色，创作者需要深入考虑他们的背景、性格、愿望、恐惧及他们如何在故事中发展和变化。好的角色可以使观众沉浸在你的视频中。

● 对话

在短视频中，创作者需要利用有限的对话来展示角色性格特征、推动故事进展或传达主题。对话应该自然、真实，并且符合角色的性格和背景。

同时，避免让对话成为信息的直接传递方式。好的对话应该具有多层次的含义，能够揭示角色的情绪、动机或关系，而不仅仅是告诉观众正在发生的事情。

● **视觉元素**

虽然脚本主要是文字的，创作者也需要考虑视频的视觉元素，如场景、动作、使用的道具等。这些元素可以帮助创作者增强故事的视觉冲击力和吸引力。

● **节奏和时序**

在短视频中，节奏非常重要，在创作过程中，创作者需要考虑故事的节奏，在一张一弛中吸引观众的注意力。同时，考虑故事的时序，在适当的时间推动故事的发展。

2. 脚本写作的基本逻辑

在短视频脚本创作中，无论是情节的发展，角色的行为，还是故事的主题，都需要遵循可以让观众理解和接受的逻辑。以下是脚本写作中的基本逻辑。

● **因果逻辑**

这是故事叙述中最基本的逻辑形式。简单来说，每个事件都要有一个可以解释其发生的原因。这种逻辑应用于整个故事的结构（即故事的开头导致了中间的冲突，中间的冲突又导致了结尾），角色的决定和行为应该基于他们的动机和性格，而情节的发展应该由先前的事件驱动。

● **时间逻辑**

时间逻辑关注事件的先后顺序。在大多数情况下，故事会按照时间顺序推进，即先发生的事件在后发生的事件之前展示。创作者也可以通过闪回、插叙、倒叙等技巧打破这种顺序，让故事更精彩、"烧脑"。

● **主题逻辑**

这是指创作者的故事应该围绕一个中心主题展开，所有的情节、角色和对话都应该服务于这个主题。

● 角色逻辑

角色的行为和决定应该符合他们的成长背景和性格特征，让观众理解为什么角色会做出特定的决定或行动，这种理解是基于他们对角色的了解。如果角色的行为与他们的设定或以前的行为不一致，就会让人觉得逻辑混乱。

● 视觉逻辑

这是指视频的视觉元素应该与故事和主题相协调。例如，场景和道具的选择应该符合故事的时代背景，运镜方式和色彩要为故事的情感和主题服务。

3. 脚本创作的核心要点

短视频脚本的核心要点包括吸引观众注意、情节紧凑、节奏把控、情感共鸣、信息传递等。下面将详细说明每个要点，并给出相关的案例。

（1）吸引观众注意

一个好的短视频脚本需要在开头就能吸引观众的注意力，让他们对视频感兴趣。可以通过一个引人入胜的问题、有趣的场景或引人注目的画面来吸引观众。例如，与厨艺相关的短视频可以以一个华丽的食材切割镜头开始。

（2）情节紧凑

由于短视频的时长有限，情节必须紧凑且连贯，以确保观众在有限的时间内获得足够的信息和情感体验。例如，旅行短视频可以通过展示旅行者的出发地、旅行途中的困难和风光极美的目的地，将整个旅程以简洁而连贯的方式呈现给观众。

（3）节奏把控

短视频脚本需要注意节奏的把控，让观众在观看过程中不会感到枯燥或无聊。可以运用快速剪辑、跳跃式叙事或快节奏音乐的配合来增加节奏感。例如，时尚搭配短视频可以利用快速的剪辑和动感的音乐展示多个服装的变换，给观众带来视觉和听觉上的冲击。

（4）情感共鸣

短视频文案需要传递情感，使观众与视频产生共鸣，可以通过展示人物的成长或克服困难的故事来触动观众。例如，一个公益短视频可以通过展示弱势群体的生活困境，勾起观众的同情心和关注度。

（5）信息传递

除了情感共鸣，短视频文案还需要传递清晰的信息，可以通过简明扼要的文字说明、图像或符号的运用来实现。例如，一个产品介绍短视频可以通过简洁明了的文字说明和生动的图像展示产品的功能、特点和优势，以便观众能够快速了解和记住产品。

下面以一个案例来说明这些要点的应用。

【案例】健身短视频。

- 吸引观众注意：视频开头展示一个拥有健美身材的教练，在瑜伽垫上做出各种专业且有难度的动作，吸引观众的眼球。

- 情节紧凑：接下来，视频通过快速剪辑展示教练在不同的健身器材上进行训练。通过连贯的剪辑，展现完整的健身课程。

- 节奏把控：在视频剪辑过程中，使用动感的音乐作为背景，增加视频的节奏感。快速的剪辑和音乐的配合，能让整个视频充满活力。

- 情感共鸣：在视频的结尾部分，展示学员的笑容和汗水，传递出健身的成就感。观众可以通过这些情感元素与视频产生共鸣，从而对健身产生兴趣。

- 信息传递：通过清晰的文字说明和教练讲解，强调健身教练的经验和专业性，以及健身课程的多样性和适用性，使观众能够快速了解这个健身教练的能力，并对其推出的课程产生兴趣。

4.4 爆款短视频脚本的特点与亮点

在数字化媒体时代，短视频已经成为一个具有巨大影响力的信息传播方式。从娱乐到教育，从生活分享到产品营销，短视频在各个领域都有深远的影响。那么，什么样的短视频脚本能引起观众的共鸣，赢得他们的喜欢和转发？什么样的创作技巧可以使你的短视频在众多内容中脱颖而出？接下来我们将从特点和亮点两个角度，介绍如何打造引人入胜的爆款短视频脚本。

1. 爆款短视频脚本的亮点

一个好的短视频脚本是短视频创作过程中不可或缺的元素，其主要特点如下。

（1）简洁明了

短视频需要在有限的时间内清晰地传达信息，因此，有效的脚本应该简洁明了，避免使用冗长复杂的句子或段落。

【案例】创作一个关于如何正确佩戴口罩的教学视频，其脚本如下。

"先清洁你的手。然后取出口罩，白色朝内深色朝外。接着，将口罩的上端固定在鼻子上，拉开口罩的下端，使其覆盖下巴。最后，检查口罩是否完全覆盖鼻子和嘴巴，确保呼吸舒适。"

这个脚本文案非常简洁明了，如图 4-1 所示。

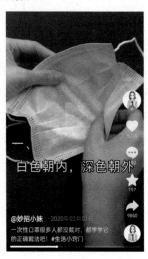

图 4-1

（2）引人入胜

吸引人的脚本通常包含引人入胜的元素，比如有趣的故事、独特的视角、震撼的视觉效果等。这些元素可以吸引观众的注意力，使他们更愿意观看并分享视频。

【案例】创作一个关于野生动物保护的纪录片，如一只狐狸在逆境中求生的故事，其脚本如下。

画面：镜头对准一只红狐狸，在荒芜的冰原上寻找食物，如图4-2所示。

旁白："在这个广阔的冰原上，生存是每一个生命都要面对的挑战。看，那只狐狸爸爸正全心全意为家人觅食。"

图 4-2

（3）有情感共鸣

好的脚本能够引发观众的情感共鸣。无论是欢乐、悲伤、愤怒还是惊奇，激发观众的情感共鸣，可以使观众对视频的印象更加深刻。

【案例】创作一个环保公益活动短视频，其脚本如下。

画面：年轻人在海滩上发现一只受伤的海鸟。

旁白："一旁准备下海潜水的小哥立马迎了上去。"如图4-3所示。

图 4-3

（4）有明确的目标

无论是传播信息、推广产品还是娱乐观众，好的脚本都应有明确的目标。清晰的目标不仅可以指导短视频的拍摄，还能帮助观众理解视频的主题。

【案例】创作一款智能手表的推广短视频，脚本需要明确地展示产品的特性和优势，以吸引潜在的消费者。其脚本如下。

画面一：一位运动员正在跑步，他查看手腕上的智能手表，如图 4-4 所示。

图 4-4

旁白："这是我们的新款智能手表，无论你是在跑步、游泳还是骑行，它都能精确地跟踪你的运动数据，让你的健康管理更加轻松……"

画面二：智能手表的显示屏闪烁，展示各种功能，如天气预报、信息提醒、健康监测等。

旁白："这款手表不仅是你的运动伙伴，更是你的生活助手。天气预报、信息提醒、健康监测，所有你需要的功能，都在你的手腕上……"

这样的脚本可以让观众清晰地理解视频的目的，也更能记住产品特性，提高购买意愿。

2. 爆款短视频脚本的四大亮点

创作出一个引人注目的短视频不仅需要原创精神，更需要独特的视角和巧妙的构思。那些真正能够引发热烈讨论和分享的"爆款短视频"，其脚本或文案往往拥有一些独一无二的亮点。如果创作者能够在脚本中创造出这样的亮点，那么其创作的短视频就有可能成为下一个网络热点。

短视频的亮点通常有四个，即美点、笑点、泪点和槽点。

（1）美点

对于美的追求是人性的本能，人类对美的渴望是无法抗拒的。在短视频中不断展示美好的事物，能吸引更多的粉丝并获得他们的喜爱。值得注意的是，这里的"美"不仅指人，还可以是美景、美食和美事等。

在各大短视频平台上，有很多专门展示美景的账号，聚焦世界各地各种令人惊艳的美丽风光。这类账号往往更容易得到平台流量的支持，吸粉能力也十分强劲。

例如，抖音账号"行摄天下"总是上传风光壮丽的视频，如璀璨夺目的翡翠湖、巍峨壮丽的雪山之巅等。它的视频文案也十分吸引人，如"世界上唯一建在桥上的摩天轮，转到最高顶 13 分 14 秒，真想带心爱的那位一起坐坐……"如图 4-5 所示。

（2）笑点

在我们的生活中，总有那么一些低落的时刻。这时，我们往往会寻找些能让我们开心起来的事物，许多人会选择看一些充满幽默感和趣味性的短视频，用这种方式来放松自己，驱散忧郁。在各大短视频平台上，一些风格独特的幽默类短视频独领风骚，吸引了众多粉丝的关注。这些视频以其独特的趣味性让人忍俊不禁，让观众转发给自己的朋友，产生广泛的二次传播。

幽默元素——或者说笑点——是这类短视频吸引人的核心。即使你的视频并非以搞笑为主，适时插入一两个笑点也会极大地增强视频的趣味性。然而，设置笑点时需要注意，千万不要刻意追求搞笑，否则可能会起到反效果。

在抖音上，"川哥哥"就是一个成功的例子，其以农村日常生活为素材，用诙谐幽默的方式展示生活中的点点滴滴，吸引了大量的粉丝，如图 4-6 所示。

图 4-5　　　　　　　　　　图 4-6

（3）泪点

含有泪点的视频往往能深深触动我们的内心，引起强烈的情感共鸣。一句温情的话语，一个感人的片段，便能瞬间击中我们的内心，带给我们深深的感动。事实上，这些看似简单的话语或片段能产生如此大的作用，背后的关键在于文案巧妙地设定了泪点，引起观众共鸣。

例如，在抖音上有一个名叫"人间温暖说故事"的账号，其发布的每一个视频都能深深打动人心。例如，其中一个视频，展示的是一个农民工父亲为救儿子，借遍全村，凑了 60 万元手术费。深情的画面配上深沉的配文，引发了许多人的情感共鸣，如图 4-7 所示。

图 4-7

（4）槽点

"槽点"一词源于网络流行词"吐槽"，一个有"槽点"的文案，通常能引发粉丝的热烈讨论，使评论和转发量大幅度提升。槽点在某种程度上也可以被视为剧情的矛盾点，这些矛盾让剧情变得跌宕起伏，引人入胜。

然而，运用这种技巧需要极其小心谨慎，因为它很难控制得恰到好处，如果处理不当，可能会让整个视频变成被吐槽的对象，虽然这样可以暂时提高视频的热度，但可能会牺牲粉丝量，对账号的长期发展并无益处。

4.5 使用 ChatGPT 编写短视频脚本

随着 AI 的快速发展，OpenAI 的 ChatGPT-4 不仅以其无与伦比的文本生成能力引领了技术革新，更为我们在短视频创作领域提供了前所未有的机遇。本节让我们深入探索如何利用 ChatGPT-4 来编写一个吸引人的短视频脚本。

第一步：目标明确，主题突出。

编写任何形式的文本，第一步都是明确创作目标和主题。创作目标可能是传递重要信息，可能是推广一个产品或服务，也可能仅仅是娱乐观众。目标决定了脚本的基调和风格。

例如，如果创作者的目标是让观众学习一种新技能，那么脚本就要包含步骤说明和实用技巧详细介绍；如果创作者的目标是推广一个新产品，脚本就要突出产品特点和使用场景的展示。

在这一步中，ChatGPT-4 可以给我们提供巨大的帮助。创作者可以向 ChatGPT-4 提供创作目标和主题。例如，输入"我想写一个关于种植番茄的教学短视频脚本"或者"我需要一个用于推广新款运动鞋的脚本"，ChatGPT-4 就会生成一份符合创作者需求的脚本方案。

第二步：精心设计内容结构。

吸引人的脚本，都需要一个精心设计的内容结构。

对于内容结构，一个有效的模式是"问题—解答"。先提出一个问题，然后提供解答。这种结构清晰、直接，可以帮助创作者有效传递信息。

在这一步中，ChatGPT-4 可以帮助创作者设计故事或内容结构。创作者可以向 ChatGPT-4 提供一些关键词或简短的描述，例如，创作者要写一个关于种植番茄的故事，主人公是一个城市居民，他尝试在自家阳台上种植番茄，但遇到了许多挑战；写新款运动鞋的推广脚本时，先提出跑步时常见的问题，然后展示这款鞋如何解决这些问题。ChatGPT-4 会根据创作者的输入生成一个详细的故事。

第三步：撰写脚本。

ChatGPT-4 以其强大的语言理解和生成能力，可以帮助创作者更高效地创作出高质量的脚本。不仅如此，创作者还可以根据自己的需求，设置特定的参数来限制 ChatGPT-4 的输出长度，从而确保脚本在有限的时间内传递核心信息。

举个例子，假设创作者正在为一款新推出的手机应用编写推广视频脚本，希望在 15 秒的视频中，突出这款应用的核心功能和优势。创作者可以向 ChatGPT-4 提供具体的指示，举例如下。

> 🔟 **我的输入：** 请用不超过 50 字的篇幅，编写一个关于我这款新手机应用的推广脚本，其中需要包含其核心功能和优势。

> ◎ 探索新颖的手机应用！提供个性化推荐，超快速度，便利的界面，让你的日常生活更加便捷与智能，让生活变得更美好。立即下载体验，轻松改变你的生活！

在这个例子中，ChatGPT-4 会在创作者限定的字数限制内，准确、直接地描述手机应用，让观众在看过短视频后，快速了解这款应用的特点和价值。

优质的脚本需要有引人入胜的元素，这可能是一个有趣的故事情节，一个独特的视角，或者一个震撼的视觉效果，ChatGPT-4 可以根据创作者的指示生成包含这些元素的脚本。例如，创作者可以让 ChatGPT-4 写一个主人公在种植番茄过程中遇到挑战的故事，举例如下。

> 🔟 **我的输入：** 请写一个主人公在种植番茄过程中遇到的有趣的挑战。

> ◎ 主人公王潇是一位在城市工作的忙碌的白领，他对自己的生活充满了厌倦，迫切希望找到一个新的爱好。在浏览网络时，他被"城市农业"的概念吸引了。他决定在自家公寓的阳台上种植蔬菜。他选择的第一种植物就是番茄。
>
> 他开始兴致勃勃地购买种子、土壤和种植工具。然而，真的动手之后，他发现自己对如何种植完全没有概念。他虽然阅读了很多网上教程，尝试了很多次，但种子都没有发芽。
>
> 查阅资料后，他意识到阳台的光照不充足可能是种子无法发芽的原因，他决定买一盏植物生长灯，但这个新工具并没有带来他期待的结果，种子仍然没有发芽。
>
> 就在他几乎要放弃的时候，他注意到一个朋友在社交媒体上分享了一个新的种植方法——水培法。他决定试试这个办法。
>
> 他在网上找到了详细的水培法教程，购买了所有必要的设备，几周后，他惊喜地发现种子开始发芽了。

但是，他忽略了一点，就是他的猫"小黑"。一直以来，他的阳台都是小黑的玩耍之地。他没有想到，小黑会对这些新的"玩具"产生兴趣。有一天，他回到家，发现所有的水培设备都被小黑打翻了，地上到处都是水，小黑全身湿透，无辜地看着他。

这个情景让他哭笑不得。他花了几个小时才清理完阳台。之后，他在阳台上安装了一扇门，以防止小黑再次闯祸。

尽管种植番茄的过程充满了挫折和意外，但他从中学到了很多。他也开始享受这个过程，每天回家检查番茄的长势是他一天中最期待的事情。

最终，当他吃到自己种植的第一个番茄时，所有的困难和挑战都变得值得了。他发现，这个过程不仅让他有了一个新的爱好，也帮助他找到了对生活的热情。

　　好的脚本能够引发观众的情感共鸣，ChatGPT-4 可以根据创作者的指示生成包含特定情感的脚本。举例如下。

> 🔟 我的输入：描述穿上一款新运动鞋后，体验到前所未有的舒适感，仿佛脚下有弹簧的有趣场景。

◎ 在清晨的阳光下，我拿出了我刚买的新运动鞋。我兴奋地打开鞋盒，鞋子的新鲜气息立刻扑面而来，闻到那股独特的混合了橡胶和新鞋材料的香味，我的心中充满了期待。

我慢慢地将脚滑入鞋内，那一刻，我体验到了前所未有的舒适感。鞋子紧密且舒适地包裹住我的脚，每一寸都贴合得恰到好处。鞋底有种奇特的柔软感，又有足够的支撑力，与我脚部的每一个曲线相适应。

我迫不及待地站起来，走上街头，每一步都像是在探索着未知的世界。我脚下仿佛有一对隐形的弹簧，每一次脚掌落地，鞋子都会回弹，仿佛有一种神奇的力量，推着我前行。

我跳跃、奔跑、转圈，鞋子始终像是我的脚的延伸，完美配合我的动作。我沿着公园的小道奔跑，阳光穿过树叶的缝隙洒落在我身上，我仿佛是那飞奔的鹿，轻快、自由。

这就是我的新运动鞋，它不仅是我运动的工具，更是我追求自由、享受生活的伙伴。

第四步：校对和修改。

撰写完脚本后，创作者需要进行校对和修改，如检查语法、拼写和标点符号是否有错误，确保信息的准确性，以及脚本的流畅性和连贯性。

创作者可以将脚本文案输入 ChatGPT-4，请它帮忙找出可能的错误；也可以向 ChatGPT-4 提供自己的修改意见，让它协助修改。

以种植番茄的脚本为例，让 ChatGPT-4 进行修改。

> 🎙 **我的输入**：我想让这个故事的结局更加感人，你有什么建议吗？

当然，我们可以修改故事的结尾，使其更加感人和深入人心。下面是我对故事结尾的建议。

最终，经过几个月的辛勤努力和无数次的失败，王潇终于看到他的番茄长出了第一个果实，他激动得无法自已。

他的母亲身体每况愈下，已经无法像以前那样享受新鲜的食物了。他记得母亲最爱吃的蔬菜就是新鲜的番茄。

所以，他决定等番茄熟透时，第一个给母亲品尝。他知道，这可能无法改变她的病情，但至少能让她的日子更有滋味一些。

当番茄熟透后，他小心翼翼地将它摘下，带到母亲的床前，母亲非常惊喜。当母亲尝到那个新鲜的番茄时，她的脸上露出了久违的笑容。

"这是我吃过的最美味的番茄。"她说，眼中闪烁着泪花。看到母亲的反应，王潇知道他所有的辛勤努力都是值得的。他明白，种植番茄不仅仅是培养一个新的爱好，更是为了能够用自己的双手带给他最爱的人快乐。

总的来说，使用 ChatGPT-4 编写短视频脚本，不仅可以节省时间和精力，同时还能确保内容的质量和吸引力。

不过，尽管 ChatGPT-4 为我们提供了强大的助力，但我们也应明白，在创作过程中，AI 可以作为一个工具，帮助创作者更高效、更便捷地完成任务，但是创作者的创意和独特视角，才是脚本文案吸引人的关键。

4.6 短视频情节设计的概念与基本原则

情节设计是短视频脚本创作中至关重要的一环，下面，我们详细讲解短视频情节设计的概念、基本原则，并提供一些案例来帮助读者更好地理解。

1. 短视频情节设计的概念

短视频情节设计的目标是吸引观众的注意力，使他们产生共鸣或感受到情感上的冲击，关键要素包括引起兴趣，逐步展开故事，突出核心信息，创造意外和惊喜等。

实现这一目标的关键是选择合适的主题和情节，并结合视觉效果、音乐和声音等元素进行呈现。例如，可以通过冲突、转折、情感渲染等手法，构建一个引人入胜的故事情节来吸引观众，总而言之，短视频情节设计需要在短时间内准确传达核心信息，并以吸引人、简洁清晰、逻辑连贯的方式呈现给观众。

2. 短视频情节设计的基本原则

短视频情节设计的基本原则是根据目标受众的喜好和需求，以简洁清晰、吸引人的方式呈现内容，同时情节要具备连贯性和逻辑性。

以下是一些常用的短视频情节设计原则。

（1）引起兴趣

开头要具有吸引人的元素，如一个引人入胜的故事悬念，或者一个令人眼前一亮的视觉效果。例如，抖音上的一些剧情类短视频会以一个新奇的问题或情节开头，引发观众的好奇心。

（2）渐进发展

情节设计应该有递进性，通过引入冲突、展开故事来增加观众的参与感。例如，一个关于旅行的短视频可以先介绍目的地的美景，然后展示旅行过程中的困难，最后以解决困难和获得收获的方式结束。

（3）清晰简洁

短视频情节设计要尽量简洁明了，避免过多的细节和次要内容。选择关键情节和角色，用简短的台词和画面展示核心信息。例如，一些教育类短视频会用简洁的图示和文字解释复杂的概念，让观众能够快速理解。

（4）情感共鸣

通过营造幽默、温馨的氛围，可以引起观众的情感共鸣。例如，微博上的一些短视频会以感人的故事或动人的音乐来传递情感。

（5）创造惊喜

情节设计中加入令人出乎意料的元素，使剧情反转，可以给观众留下深刻印象。例如，Instagram 上的一些品牌会推出创意十足的短视频广告，用独特的故事情节吸引观众的注意力。

4.7 短视频情节设计的方法与技巧

在快节奏的现代生活中，短视频已经成为个人和公司传达思想、分享故事和提升品牌知名度的有效工具。然而，要成功吸引观众的目光并在有限的时间内讲述一个完整的故事，我们需要运用恰当的技巧。接下来，让我们一起探讨短视频情节设计中的方法与技巧，帮助创作者创作出更有深度、有趣且具有吸引力的短视频内容。

1. 短视频情节设计的方法

（1）确定故事主题和目标

明确创作者想要表达的核心主题，并设定明确的故事目标，如友情、冒险、爱情等。

（2）创造角色

塑造主要角色，为每个角色设定独特的记忆点、人物目标和背景故事，使人物形象更饱满、真实。

（3）设定情节起伏

将故事分为起始、发展、转折和结局四个阶段。在起始阶段，引入主要角色和背景信息，引起观众的兴趣；在发展阶段，逐渐展开故事，展示角色面对的冲突和挑战；在转折阶段，通过意外事件、戏剧性冲突或角色的成长转变，给故事带来新的变化；在结局阶段，解决冲突，给观众以满足感。

（4）设置情节线索和反转

设置情节线索和适当的反转，让观众始终保持好奇心和紧张感。线索可以是暗示未来发展的细节，反转可以是突发事件或意想不到的转折。

（5）编写场景描述和对白

根据情节设计，编写场景描述和角色对白。场景描述应该生动具体，能够帮助导演和制作团队理解创作者的想法。角色对白应该与角色的人设相符，让观众更好地理解角色的内心世界。

【案例】一位年轻摄影师的探险之旅。

（1）故事主题是摄影师的探险之旅，目标是展现他的勇气、创造力和对自然的热爱。

（2）主要角色是摄影师，他热爱冒险和摄影，有着敏锐的观察力和创造力。次要角色可以是他的朋友或导游，丰富故事情节。

（3）情节起伏设置如下。①起始阶段：介绍摄影师的背景和冒险的愿望，展示他的摄影技巧和对自然的热爱。②发展阶段：摄影师踏上探险之旅，面对各种挑战，如恶劣天气、险峻的山脉和凶猛的野生动物。③转折阶段：摄影师在一次拍摄中遭遇突发事件，如迷失方向、设备损坏或与某个人意外相遇，这个转折点给故事带来新的发展方向。④结局阶段：摄影师克服困难，拍摄出一系列惊艳的照片，并与新结识的人建立了深厚的友谊。

（4）设置情节线索和反转。①线索：摄影师在旅途中看到各种自然景观和生物，留下线索暗示未来的发展，如未知的动物脚印、神秘的地图等。②反转：如摄影师遇到一位经验丰富的导游或一个与他志趣相投的旅行者，共同面对困境。

（5）根据情节设计，编写场景描述和角色对白。①场景描述：摄影师站在山巅，俯瞰壮丽的风景，云雾缭绕，阳光照射下山脉如画卷般展开。他拿起相机，调整镜头，用心捕捉这美丽瞬间。②角色对白：摄影师（充满激情地）："这是我一直梦寐以求的景色！我要将它们定格下来，让更多人感受到这份壮美和神奇。"

2. 用 ChatGPT 生成吸引人的短视频情节

随着 AI 的发展，ChatGPT 等自然语言处理模型可以作为强大的工具，协助完成短视频脚本文案的编写。下面是详细的案例和故事说明。

【案例 1】制作一个有趣的短视频，主题是未来城市电力消失。步骤如下。

（1）提供提示

将每个场景的简要提示发送给 ChatGPT-4，如"未来城市、飞行汽车、突然停电"。

（2）生成情节和对白

ChatGPT 根据提示生成情节和对白。

① ChatGPT 生成的情节

⑤ 情节：早晨，阳光透过大楼的间隙，照亮了整个光明市。空中的飞行汽车像蜻蜓一样在建筑之间穿梭。阳台上的小孩指着空中露出笑颜，学者们正在广场上热烈讨论新的科技发展。突然，整个城市的光芒开始暗淡，飞行汽车失去动力，悬浮在半空，然后缓缓降落。人们发出惊慌的尖叫，四处奔逃，避免被失控的车辆撞到。在市中心的一座高楼上，女主角莉莉正准备驾驶飞行汽车去

见她的男友，车突然失去动力，她紧张地尝试启动，但车只是在空中打转。旁边，另一辆飞行汽车也遇到了同样的问题。驾驶员是杰克，一名经验丰富的飞行员。他努力调整方向，试图靠近莉莉的车，想帮助她。

② ChatGPT 生成的对白

莉莉（尖叫）："这是怎么回事？我的车为什么突然停了？"
杰克（大声喊）："小心！尝试重新启动车辆，不要让它失控！"
莉莉（慌张）："我试了，但它完全没反应！"
杰克将他的飞行汽车慢慢靠近莉莉的车，试图将两辆车连接在一起。他成功地抓住了莉莉的车门，并用特殊工具将两车紧紧锁在一起。
杰克："别怕，我会带你安全降落。"
两辆车一同缓缓降落在市中心的一个空地上。周围聚集了大量的路人，他们都在四处寻找亲人，或是帮助其他需要帮助的人。
杰克和莉莉走出车外，他们决定去市政府，看看能不能找到车辆失控的原因。

（3）生成意想不到的情节

在关键转折点上，创作者可以使用 ChatGPT 生成一些令人意想不到的情节。

我的输入：我要在关键节点上，加入一些令人意想不到的情节。

①情节生成示例

ChatGPT：两人快速向市政府的方向走去。一些飞行汽车已经坠毁在建筑物上，火焰和浓烟四起。公共交通系统已经瘫痪，只能依赖步行。
在一条小巷里，他们遇到了一群困在电梯里的人。杰克和莉莉立刻上前帮忙，成功救出了被困人员。

②对白生成示例

被救的女孩："谢谢你们！真不知道如果没有你们会怎样。"
杰克（微笑）："确保你们的安全是我们应该做的。但现在我们需要去市政府，看看能找到什么线索。"

当他们到达市政府时，发现那里已经聚集了大量的市民。大家都在讨论这次突然的停电事件。

市长出现在电视屏幕上，开始发表演讲。

市长："亲爱的市民，我知道大家都很担心，这次的停电事件是我们未曾预料到的。我们正在全力以赴地调查原因，并寻找解决办法。请大家保持冷静，确保自己和他人的安全。"

莉莉看着屏幕，眉头紧锁："这么大的城市，怎么会突然停电呢？必定有什么大问题。"

……

（4）修改与完善内容

ChatGPT 生成情节后，需要我们进行修改和完善，写出完整的情节，让最终呈现出的短视频更具吸引力。

第 5 章

短视频带货文案写作

短视频带货文案是指在短视频中描述产品的特点、优势，促使观众购买。这些文案简洁明了、富有吸引力和说服力，向观众传递产品的价值和购买的必要性。

在本章中，我们将讲解短视频带货的基本要点、短视频带货文案写作的技巧，以及如何使用 AI 来助力短视频带货文案创作。

5.1 短视频带货文案的基本要点

短视频带货文案需要掌握的基本要点包括引起兴趣、产品介绍、个人体验分享、解答疑问、适用场景展示、优惠诱导和呼呼购买。

1. 引起兴趣

在视频的开头，用吸引人的话题或问题来引起观众的兴趣，让他们愿意继续观看下去。例如，"大家有没有遇到这样的问题？你的手机充电线非常容易断裂，且充电速度很慢。今天我给大家推荐一款耐用且充电速度极快的磁吸充电线，绝对能解决你的烦恼！"

2. 产品介绍

清晰、简洁地介绍产品的特点、功能和优势，重点突出产品的独特之处以及与其他类似产品的区别。例如，"这款磁吸充电线采用了全新的材质，柔软耐用，可以避免扭曲和打结；它还具有快充功能，能在短时间内为你的手机充满电！"

3. 个人体验分享

如果你自己使用过该产品，分享一下你的亲身体验和感受，让观众感受到产品的真实性和可靠性。例如，"这款磁吸充电线我已经用了几个月了，真的非常好用！再也不用担心线断裂了，而且磁吸设计方便快捷，不用费力去找插孔，省了不少麻烦。强烈推荐给大家！"

4. 解答疑问

预测并回答观众可能会提出的问题，清楚地向他们解释产品的使用方法、价格、售后服务等信息。例如，"这款磁吸充电线是通用的，适用于大多数手机品牌和型号，而且我们提供一年的售后保障，如果有任何问题，随时联系我们的客服团队即可解决。"

5. 适用场景展示

通过一些实例或场景展示产品的实际使用效果，让观众能够直观地感受这款产品的实用性和价值。例如，"不论你是在家里、办公室还是在旅途中，这款耳机都是你的理想选择。它轻巧便携，有效降噪，让你在任何环境下都能专注聆听音乐。""这款多功能背包有很多隔层，可以容纳你的笔记本电脑、水杯、雨伞和其他日常必备物品。它还有防水功能，非常适合户外使用！"

6. 优惠诱导

如果有优惠活动，如优惠码、特价等，要及时告知观众，激发他们购买的欲望。例如，"在购买时输入优惠码'××××'，即可享受 8 折优惠，我们还提供免费配送服务。赶快行动吧，数量有限哦！""这款智能电饭煲现在正在特价促销，原价 ×××元，现在只需 ×××元即可购买！机会难得，错过不再有！"

7. 呼吁购买

最后，直接、明确地呼吁观众购买产品，并提供购买链接或二维码，让他们能够方便地进行购买。例如，"点击下方链接即可购买，不要错过这个让你沉浸在音乐世界的机会！""时间有限，机会不等人！赶快点击链接购买这款智能电饭煲，为你的生活带来更多便利和美味！"

5.2 掌握三大带货文案写作技巧，让销量翻倍

在移动互联网时代，短视频销售已成为商业推广的重要工具之一。借助恰当的话术，短视频不仅能吸引大量目标用户，更可以推动商品销售，让带货量成倍增长。

如何才能让短视频带货的效果最大化呢？显然，恰当而独特的文案是关键。要想在海量的短视频中脱颖而出，我们需要悉心挖掘每个产品的独特性，并巧妙利用文案把这些特性展示给观众，让观众对我们的产品产生购买欲望。

接下来将介绍三大短视频带货文案写作技巧，为产品推广提供新的启示。

1. 借口头用语捕获用户的心

在短视频带货中，口头用语的运用具有重要意义。作为日常生活中常用的语言形式，口头用语有着极高的亲和力。熟悉且亲切的言辞，能够迅速拉近与观众的距离，让信息的传递更为自然、顺畅，既能让用户

感到熟悉和舒适，又能使广告信息的接收变得轻松愉快，运用得当，不仅能够提高短视频的完播率，还能刺激用户的购买欲望，从而有效提升产品销量。那么，在这种营销语境中，如何将口头用语融入其中，既不失专业度，又能引起用户共鸣呢？这就需要我们熟练掌握口头用语的使用技巧。

　　知名的食品品牌"味全"在一个奶茶短视频广告中，巧妙地运用了口头用语。在短视频开头，博主用一句"大品牌当中的低调单品，挖宝大测评"迅速吸引了观众的注意力。这句话既是视频内容介绍，也是一种新品推介。在展示过程中，博主继续运用口头用语进行产品介绍，如："它这个很好喝耶！""挖到宝了！"让人有一种和朋友聊天的亲切感。这样的策略，使得该视频的完播率大大提高，点赞数量达 1.6 万，产品的销量也随之上升，如图 5-1 所示。

图 5-1

　　口头用语的使用并非随意的，而是需要根据具体的产品特性和目标用户进行精心设计。首先，我们需要了解目标用户的口头用语习惯，包括常用的词汇、语句结构、语调等。其次，结合产品的特性，构造出既有个性又具有吸引力的口头用语。如果是针对年轻人的时尚商品，我们可以使用更加活泼、热情、富有激情的口头用语，如："这款 T 恤简直太酷了，你们是不是也已经迫不及待想要拥有？"如果是针对中老年人的保健品，我们可以使用更加稳重的口头用语，如："让我们一起关注健康，享受生活的每一刻。"

在使用口头用语时，我们还需要注意适度。口头用语虽然能够拉近与观众的距离，但过度使用或不合适地使用，可能会让人感觉过于俗气或随便，因此，我们应该适时适度地使用口头用语，使我们的短视频既能吸引用户的注意力，又能保持专业性。

此外，我们也可以在使用口头用语的同时，配合其他的营销策略，如利用用户的社会认同感、情绪引导等增强短视频的吸引力和影响力。例如，我们可以在使用口头用语时，表达出对产品的喜爱和对生活的热情，让用户感受到我们的真诚和热忱，从而产生购买欲望。

下面通过案例介绍如何使用 ChatGPT 来写出使用口头用语的文案。

【案例】利用 ChatGPT 扩写或优化一段在短视频营销中使用口头用语的文案。

输入文本如下。

🔟 **我的输入**：请扩写和优化以下在短视频营销中使用口头用语的文案，使其更具吸引力，原文案如下：口头用语就是在日常生活中经常使用的、口头化的语言。也正是因为口头用语是常用的语言，所以，当你在短视频中使用时，能快速拉近与用户的距离，让用户觉得特别亲切。

◎ 口头用语，就是那些在我们日常生活中，时常挂在嘴边的、亲切自然的语言，是那些让我们开心，觉得亲切，有时甚至带着一丝丝幽默的词汇和表达。口头用语是我们与世界亲密接触的一种方式。

那么，当我们将口头用语带入短视频营销中，会产生怎样的化学反应呢？

当你在短视频中巧妙地融入这些口头用语，就好像打开了一扇通向用户内心的门，让用户觉得，原来我们之间并没有那么遥不可及，原来这个品牌能理解我，能感受我的喜怒哀乐。所以，口头用语，不仅是一种语言，更是一种情感的连接。

2. 利用剧情式短视频引领产品销售

在短短几十秒的时间内，能够吸引用户、让用户产生共鸣的短视频往往有充满趣味性的情节和剧情。剧情式短视频以其独特的叙述方式和吸引人的剧情受到大量用户的喜爱。如果能在这些吸引人眼球的剧情中巧妙地植入产品，既可以给用户留下深刻印象，又不会让用户觉得广告植入过于生硬。

例如，有一个短视频记录的是几位朋友在户外露营的场景，包括他们准备野餐、野外烧烤等有趣的生活片段。其中，有一位朋友拿出了一款便携式的烧烤炉，很顺利地完成了烧烤。虽然视频标题并未明确提到该烧烤炉，但烧烤过程中的一系列展示无疑让它成为焦点，而观众的注意力也很自然地被引向这个产品。这一案例，就是巧妙地将产品嵌入剧情中，如图 5-2 所示。

图 5-2

但是，只有当产品的植入与剧情相融合，才能达到预期的效果。如果植入的产品与剧情无关，可能会使用户觉得广告过于生硬，影响用户的购买意愿。这就需要创作者根据产品的特性和定位，设计出与产品契合的剧情。

总的来说，剧情式短视频是一种非常有效的带货手段。它不仅能够在较短的时间内展示出产品的特点和优势，还能够以一种情景化、故事化的方式，使用户更好地理解和记忆产品，从而提高产品的销量。

在未来的市场竞争中，我们有理由相信，这种以用户为中心，以情景和故事为载体，将产品巧妙地融入剧情中的剧情式短视频，将成为重要的营销方式。而那些能够灵活运用这种方式创作出具有吸引力的短视频的创作者，也将在市场竞争中占据优势。

　　【案例】使用 ChatGPT 撰写情景式短视频的剧本。

> 🔟 **我的输入**：我该如何在一个健身场景的短视频中巧妙地展示一款健身装备？请帮我撰写剧情式短视频的脚本。

　　⑤ 当然，以下是我为你准备的一个基于健身场景的剧情式短视频脚本，其中植入了你的健身装备。

视频标题：不一样的健身体验，解锁运动新模式。

脚本：

1. 画面：视频开头，镜头聚焦在一位健身男子身上，他看起来有些疲倦和沮丧。旁白："你是否觉得你的健身过程中总是有些东西缺失？"

2. 画面：男子尝试做一些常规的健身动作，比如举哑铃、深蹲，但是看起来无精打采，动作也不标准。旁白："固定的健身模式，没有变化的锻炼方式，难道不感到无聊吗？"

3. 画面：男子看向镜头。旁白："是时候改变一下！打破常规，让你的健身过程充满趣味。"

4. 画面：镜头切换，出现了你的健身装备，设计新颖，操作简单。男子露出了好奇和兴奋的表情。旁白："来试试这款新型的健身装备吧，它将带给你全新的运动体验。"

5. 画面：男子开始使用你的健身装备，镜头捕捉到他愉快和充满活力的表情，以及他健美的身材线条。旁白："不仅可以提高运动效率，更能让你找到运动的乐趣。"

6. 画面：最后，男子满脸笑容地看向镜头，似乎非常满意这次体验。他对着镜头竖起大拇指。旁白："这就是你在健身路上的新伙伴，你准备好接受挑战，探索新的运动模式了吗？"

以上剧情式短视频脚本可根据实际需要进行调整和优化。

3. 强调产品价格的竞争力和优惠政策

价格往往对消费者的购买决策起着至关重要的作用，大家都希望能以最合理的价格，得到最大的利益回报，因此，在短视频营销中，创作者需要突出展示产品的价格优势和优惠力度，从而提升消费者的购买意愿和决策效率。

在信息爆炸的现代社会，消费者在购买产品前会投入大量的时间和精力比价、比质、比服务，然后才会下单购买。因此，当我们适时提及福利，恰当地强调产品的价格优势，就有可能把握住消费者的购买心理，激发他们的购买欲望。

假设我们现在正通过一个短视频推销一款新款运动鞋，如图 5-3 所示。我们可以在短视频中详细介绍这款鞋子的设计风格、舒适度及独特的功能，然后通过对比市场价格和我们提供的优惠价格，让消费者清楚地看到他们可以在我们这里以更低的价格购买到这款产品。

图 5-3

除了直接降价，我们还可以推出一些其他优惠活动，比如购买该款鞋子的消费者可以获得一定的赠品。例如，"购买新款鞋子，送阿迪达斯独家定制的运动袜。"在此情况下，消费者会觉得购买这款鞋子非常划算，从而产生更强烈的购买意愿。

创作者需要充分利用价格优势和优惠福利这两个潜在的购买动力，使得消费者在看完短视频之后产生强烈的购买欲望。通过价格优势和优惠福利的双重激励，我们不仅可以吸引更多的消费者，还可以提升消费者的购买满意度，从而提升产品的销量和品牌的知名度。

5.3　利用带货文案赢得客户的信任

任何一位消费者都不可能掏钱购买自己并不信赖的产品。因此，作为短视频内容创作者，若想让观众购买自己推荐的产品，前提是获得他们的信任。赢取信任的方式多种多样，最为直接且有效的方式就是写出足够有说服力的带货文案。如何写出一篇有说服力的带货文案？下面，我们将从七个方面对此进行阐述。

1．塑造专业形象

在考虑购买产品时，许多用户会先评估推广者本身的专业度。假如推广者不够专业，用户就可能对其推荐的产品抱有疑问。为此，许多专业领域的短视频创作者会通过文案来凸显自身的专业性。例如，博主"私厨教做菜"发布的一系列短视频中详细介绍了如何在家制作五星级餐厅的菜品，如图 5-4 所示，以此来彰显自己的厨艺高超。观众在看到这样的内容后，会觉得这位博主在烹饪方面极其专业，对他推荐的产品会更信任。

图 5-4

图 5-4 中的视频收获了 21.2 万个点赞，这样深度的分享无疑强化了他作为烹饪专家的形象。在介绍菜品制作方法的过程中，他会巧妙地介绍一些厨房用品，比如某款刀具更锋利、某款烹饪机的操作便利性，甚至是某款调料的独特口感。这样的产品推荐既不突兀，也能让观众觉得有所得。

【案例】使用 ChatGPT 生成权威性和专业性更强的文案。

ChatGPT 可以帮助创作者生成高质量、专业性更强的文案。例如，可以让它写一个详细的摄影设备测评，或者让它解释为什么这一款大码女装的遮肉效果超过其他品牌。

🔟 **我的输入**：解释为什么我的大码女装的遮肉效果超过其他品牌，有哪些角度和方式可以提高我的品牌影响力和消费者的信任度？

---

⑩ 你的大码女装的遮肉效果比其他品牌更好，可能有以下几个原因。

1. 精心的设计：采用了可以突出体形优点和遮盖缺点的设计，如利用线条、图案和颜色等元素让其视觉效果更好。

2. 高质量的材料：使用了高质量的材料，这些材料既舒适又具有很好的遮肉效果。

3. 个性化定制：提供个性化的服务，使得消费者可以根据自己的体形和尺寸定制服装。

如果你想提高你的品牌影响力和消费者的信任度，可以考虑以下的建议。

1. 质量保证：确保你的产品质量始终如一，这可以通过严格的质量控制流程来实现。消费者如果每次都能购买到优质产品，他们会对你的品牌更有信心。

2. 透明度：与消费者分享你的产品生产过程，包括你如何选择材料，你的设计理念等，透明度可以增强消费者的信任，还可以吸引更多粉丝。

3. 优质的客户服务：如果消费者有任何问题或疑虑，都可以得到及时和满意的答复，就更容易建立起对品牌的信任。

4. 社区建设：创建一个能让你的消费者交流和分享经验的社区，这不仅可以增强消费者的忠诚度，还可以为你提供宝贵的反馈意见，帮助你改进产品。

2. 用事实说话，获取用户认可

"事实胜于雄辩。"无论创作者如何美化产品，都不如直接展现产品使用后的真实效果有说服力。例如，一个健身教练在推广健身器械的短视频中，不过多描述产品的性能，而是直接展示自己在使用这些器械后的身材变化，用事实来证明这些健身器械的实用性，如图 5-5 所示。让用户清晰地看到产品使用后的效果，他们才更可能购买这些产品。

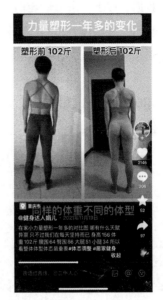

图 5-5

3. 利用顾客影响力，打造产品口碑

很多短视频创作者的收入来源主要是销售产品赚取佣金，但是若只是自己对产品进行介绍，用户并不会轻易相信。在这里，适当地借助顾客的影响力，是创作者提升销量的一种重要策略。

例如，一位美食博主的收入主要来源于推荐的厨房用品销售佣金。即便他的烹饪技术再高超，观众也可能对他推荐的产品有疑虑。因此，他可以尝试引入顾客的真实反馈，打造产品口碑。

具体操作上，博主可以邀请购买过他推荐产品的观众，分享他们的使用体验。例如，他们如何用某款刀具切出薄如蝉翼的肉片，或者如何用一款烹饪机一键完成烤肉。这些来自真实用户的反馈，比起创作者的一味推荐，更能赢得观众的信任。

在具体方法上，我们可以展示已购用户对商品的赞美和推荐，分享销售数据，或者将顾客对我们产品的积极评价通过图文、视频等形式展示。例如，某本地餐馆经营者将一位顾客在品尝他们家的料理后的满意反馈制作成短视频，让该地区的许多用户对餐馆中的菜品产生了浓厚的兴趣。

【案例】使用 ChatGPT 撰写客户推荐信。

创作者可以使用 ChatGPT 生成客户推荐信或者评价，只需输入几个关键词，如"健康又美味的皮蛋"或者"摄影设备专业测评"，ChatGPT 就可以自动为创作者生成一篇吸引人的客户推荐信。

> 🔟 **我的输入**：以健康又美味的皮蛋为主题，生成一篇吸引人的客户推荐信。

⑤ 1. 这款健康又美味的皮蛋，真的是我吃过的最好吃的皮蛋。它口感独特，营养丰富，大家都应该试试看！

2. 我强烈推荐这款皮蛋，无论是味道还是口感都无可挑剔。做凉拌皮蛋或者皮蛋瘦肉粥都是绝佳选择。

3. 我一直在寻找一款既美味又健康的皮蛋，现在终于找到了。这款皮蛋的味道鲜美，口感滑嫩，让人欲罢不能。大家一定要尝试一下！

4. 如果你是皮蛋爱好者，我真的强烈推荐你试试这款健康美味的皮蛋。吃了你就会知道，它绝对值得反复回购。

5. 我喜欢这款皮蛋的原因很多。首先，它是健康的，让我吃得放心。其次，它的味道鲜美，口感独特，而且营养丰富，无论是做早餐还是夜宵都是不错的选择。我强烈推荐大家试试看！

6. 我在这里极力推荐这款皮蛋。它安全无添加，营养丰富，口感滑嫩，是餐桌上的美味佳品，一试就让你回味无穷。

7. 这款健康又美味的皮蛋无疑是我吃过的最好吃的皮蛋。它的味道就像诗，口感就像远方，每一口都让人感到满足。它是我心中的皮蛋之王，推荐给每一个喜欢皮蛋的人。

8. 如果你像我一样重视食品安全，那么建议你试试这款皮蛋，相信你一定会喜欢的！

4. 消除疑虑，答疑解惑

在产品销售的过程中，消除用户的疑虑是一个十分关键的环节。如果用户对创作者销售的产品有疑虑，又无法直接体验产品，那他们就不会购买。因此，在带货文案中我们必须消除用户的疑虑，让用户放心购买。例如，一个创新画笔的销售商，在其视频中声称他们的画笔"想画什么，就能画什么"。为了证实这一点，销售商在视频中展示了用画笔画出精美珠宝设计图的全过程，如图 5-6 所示。这样，用户的疑虑就得到了解答，同时，用户对销售商的信任也随之增强。

图 5-6

5. 突出产品优势

在推广任何产品时，我们都应当优先展示产品的优势。每个产品都有其优点和缺点，这是非常正常的，我们在推广产品时，应有选择地突出产品的优点，淡化产品的不足。举个例子，一个销售方便面的商家，在其宣传视频中，将"0 添加防腐剂""0 油炸面饼"等优点放在了推广文案的前面，如图 5-7 所示，而对方便面口感可能较差、营养成分不如新鲜食品多等缺点进行了淡化处理。这样的推广策略能够更好地吸引用户，提升产品的销量。

图 5-7

【案例】使用 ChatGPT 撰写描述产品优势的文案。

输入关键词或短语，如"不添加防腐剂""在家加热就能吃""味道和在店里吃的一模一样"，ChatGPT 就能生成一段描述产品优势的文案。

> ⑤ 在我们的方便面中，没有防腐剂，只有纯净、高品质的原材料。我们致力于为您提供最自然的口感，每一口都富含醇厚的麦香，不仅便捷易做，而且保留食物本身的美味。选择我们的方便面，就是选择真实，选择纯净，选择健康。因为我们相信，每一口食物，都是对生活的热爱和尊重。

6. 创造紧迫感

人们往往对有限的事物更感兴趣，因此在推广文案中显示产品的有限性，可以有效地吸引用户的注意力。有限性可以通过产品的数量限制、限时优惠、独家产品等方式展示。例如，某家电商在推广其限量版手表时，强调了"全球只有 1000 只，错过再等一年"的信息，这种有限性营造出了购买的紧迫感，使得用户更有可能立即下单。

7. 调动感官，提升用户体验

一个好的推广文案应该能够调动用户的感官，让用户在观看短视频的过程中感受产品的独特之处。我们可以利用短视频来展示产品的颜色、纹理、声音等多种元素，让用户在视觉、听觉等多方面得到满足。例如，一家卖香水的电商，通过视频展示了香水的瓶子设计，再通过唯美生动的气味描述，让用户在观看视频的过程中，就能感受到香水的独特魅力。

5.4　直播带货话术激发消费者的购买欲望

使用恰当的直播带货话术可以达到激发消费者购买欲望的目的。直播带货话术针对不同场景和目的，可以分为欢迎用户话术、提问引导用户话术、推销产品话术、引导用户下单话术、回答用户问题话术。灵活运用这些话术，根据直播的情况、产品特点和观众的需求，进行有针对性的引导和讲解，与观众建立良好的沟通和信任关系，可以有效提升用户购买意愿。

1. 欢迎用户话术

在直播带货的过程中，每一个环节都是至关重要的。能够引导刚进入直播间的观众的注意并将其引入购买的状态，这就是欢迎用户话术的作用。那么，如何创作一段能吸引用户，同时又能激发其购买欲望的欢迎用户话术呢？

欢迎用户话术，顾名思义，就是当观众进入直播间的时候，主播给出的欢迎语。例如，"欢迎大家来到直播间，我是××（主播名），今天给大家带来一款非常火爆的产品！"

欢迎用户话术可以是热烈的、热情的，也可以是充满神秘感的，甚至是富有趣味性的。但是，无论什么样的欢迎话术，都必须包含以下几个关键元素。

● **关注用户**

这是最基本的一个点，也是最容易被忽略的一个点。在直播开始的时候，主播需要第一时间将注意力放在进入直播间的用户身上，表现出对他们的尊重和欢迎。可以使用包含用户昵称的个性化欢迎话术，让观众感受到主播的诚意和亲近感。

● **展示商品**

让观众一进直播间就能看到今天的主推商品是什么。这不仅可以吸引观众的注意力，还可以激发他们的购买欲望。展示商品时需要把商品的特点和优势清晰地展示出来。

● **引导话题**

除了展示商品，还需要引导观众参与到直播的话题中来，这可以是关于商品的话题，也可以是和商品相关的生活话题。这样，可以让观众更有参与感，进一步提升他们的购买欲望。

● **设置悬念**

可以在开场的时候适当设置一些悬念，让观众对接下来的直播抱有期待。例如，可以提前透露一些优惠信息，或者说有些新品即将上架等。这种悬念可以激发观众的好奇心，让他们更愿意留下来看完整场直播。

以上四个元素是构成好的欢迎用户话术的基础，但是如何具体运用，还需要根据主播自身的风格和观众的喜好进行调整。

【案例】保养品推销用户欢迎话术。

"大家好！欢迎各位亲爱的朋友来到我的直播间。大家看到的我手中的这款产品，是我们今天主推的保养品，它含有丰富的维他命 C，不仅可以提亮肤色，还能淡化痘印。我们都想拥有美美的皮肤，这款产品就是你实现美丽愿望的关键。等等，我们今天不只有这一款产品，还有更多的惊喜等着你们，请大家不要走开，一会儿我就和你们分享更多的信息。"

这段话术充满热情，也很具亲和力，可以成功地吸引观众的注意力，引导他们关注主推商品，同时也营造了一种期待感，让观众对接下来的直播充满好奇。

当我们不知道如何编写用户欢迎话术时，可以使用 ChatGPT 生成参考样本。

🔟 **我的输入**：以销售健身器材为主题，编写一个欢迎用户话术。

---

⑤ 欢迎大家来到我们今天的直播间，我是你们的主播小亮。如今健身已经成为我们生活中的重要部分，是我们塑造更好自己的关键工具。在今天的直播中，我们来聊聊那些和健身有关的话题，尤其是健身器材。

无论你是正在寻找适合自己的健身器材，还是已经有了一些健身经验，想要了解更多关于器材的专业知识，这个直播间都会给你带来很多有价值的信息。我们将一起探讨不同类型的健身器材，比如哑铃、椭圆机、跑步机，以及一些更专业的健身设备。

而且，我还会为大家介绍一些健身器材的使用技巧和训练方法，我们的直播间是开放的，无论你有什么问题或者想法，都可以在评论区留言。

在今天的直播中，我们也会有一些健身器材的优惠活动。不论你是想为自己的家庭健身房增添一些新设备，还是想要换一款更适合自己的健身器材，都能在这里找到合适的产品。

准备好了吗？让我们一起在健身的道路上探索更多可能！

2. 提问引导用户话术

在进行直播销售时，一种非常有效的方法是引导观众参与到直播中来，而提问是最直接的引导方式。好的提问可以引发观众的思考，激发他们的参与意愿，并引导他们将注意力集中到你想要展示的商品上。创作提问引导用户话术有如下几个要点。

首先，我们需要明确提问的目的，是引导观众对某种产品产生兴趣，还是希望通过提问收集观众对某个话题的看法，或者是检验观众是否在关注直播内容？

其次，可以按照提问目的生成一些提问模板，如："大家对这款新出的运动鞋有什么看法？""你们更喜欢哪种类型的健身器材？""大家有没有尝试过在家健身呢？""你们有没有遇到过什么问题？"

最后，我们可以使用 ChatGPT，以这些模板为基础，生成更具吸引力、更有深度的提问。

> 🔟 **我的输入：**我准备做一场关于健身的直播，帮我生成直播间提问引导用户话术。例如，"大家对这款新出的运动鞋有什么看法？""你们更喜欢哪种类型的健身器材？""大家有没有尝试过在家健身呢？"

💬 当然，以下是一些关于健身的直播提问引导用户话术。

1. 大家好，看到这款全新设计的哑铃，你有什么想法？它采用了可调节重量的设计，可以适应不同的健身需求。你们喜欢这样的设计吗，或者有什么其他的建议？欢迎在评论区分享你们的想法！

2. 我们都知道健身器材有各种各样的类型，比如力量训练的哑铃和杠铃，有氧运动的跑步机和动感单车，大家更喜欢哪种类型的健身器材呢？你们是更喜欢进行有氧运动还是力量训练？在评论区留下你们的答案，让我们看看大家的选择！

3. 我们都知道在家健身可以为我们的生活带来很大的方便，大家有没有尝试过在家健身呢？你们是选择在家进行全面的健身训练，还是只进行某些特定的锻炼？在家健身的时候，你们最喜欢使用哪种健身器材？或者有没有什么在家健身的小方法可以和大家分享？

4. 大家有没有对健身器材有特别的期待或者需求？或者在使用健身器材的过程中，你们遇到了哪些问题希望得到解决？欢迎大家在评论区分享你们的想法，我们将根据大家的反馈，为你们推荐最合适的健身器材。

这些问题可以引发观众的思考，增加直播的互动性，同时也可以帮助你了解观众的需求和期望，从而更好地推销你的产品。

3. 推销产品话术

当我们在直播中推销产品时，如何表达是关键。成功的推销话术需要能够引起观众的关注，强调产品的优势和特点，同时满足观众的需求和欲望。推销产品话术有如下要点。

首先，我们需要明确产品特点和优势，是价格便宜、质量上乘，还是功能齐全？或者是它有一些独有的特征，如设计独特、品牌知名？

其次，我们需要明确观众的需求和欲望，他们是想要一个方便快捷的购物体验，还是希望得到一些专业的建议？或者是寻找一些独特的产品，以满足自身的个性化需求？

接下来，我们可以使用 ChatGPT，结合这些信息生成推销话术。

> 我的输入：以这款跑步机具有强大的运行能力，适合各种运动需求，价格合理，生成推销产品话术。

当然可以，以下是基于这款跑步机特点的推销话术。

各位亲爱的观众，现在我要向大家推荐的是一款强大、多功能并且价格合理的跑步机。我想先对这款跑步机的强大运行能力进行一下特别的介绍。无论你是健身初学者，还是资深运动者，这款跑步机都能轻松满足你的需求，它可以提供从缓慢热身到高强度训练的全方位运动模式。

其次它还有自动调节坡度的功能，可以模拟不同地形环境，让你在家就能体验到户外跑步的乐趣。

最后，我们要讲的就是这款跑步机的价格。在保证产品质量和性能的同时，我们一直努力控制产品的价格，让更多的消费者能够体验高品质的健身设备。今天，我可以向大家承诺，你们在这里可以以非常合理的价格得到这款高性能的跑步机。

各位亲爱的观众，别犹豫了，让我们一起迈向更健康、更美好的生活吧!

在使用 ChatGPT 生成推销话术时，我们需要注意几点：首先，推销话术需要诚实，不能夸大产品的功能和特点；其次，推销话术需要有吸引力，能够引起观众的注意；最后，推销话术需要有说服力，能够让观众相信购买这个产品能够满足他们的需求。

4. 引导用户下单话术

在直播推销的过程中，关键的一步是将潜在消费者转化为实际购买者，也就是引导用户下单。引导用户下单话术有如下要点。

首先，我们需要了解观众可能的疑惑和顾虑，是价格问题、质量问题，还是不确定产品是否适合自己？然后搭配直接引导话术，如："大家现在可以点击下方的购买链接/扫描二维码直接下单购买哦!""这个产品的库存有限，感兴趣的朋友们要抓紧时间下单哦!"

其次，我们可以使用 ChatGPT 来针对这些问题生成引导话术。举例如下。

> 🔟 **我的输入**：根据"这款跑步机质量好，性价比高，是健身的好帮手"生成引导用户下单话术。

> ⑥ 当然可以，以下是基于这款跑步机特点的引导用户下单话术。
>
> 亲爱的观众朋友们，我知道在购买这样一款"大家伙"时，你们可能会有许多的顾虑和疑惑。不过，我想强调的是，这款跑步机的质量绝对上乘，性价比高，无论你是刚开始接触健身，还是已经有一定基础，都能在这款跑步机上找到合适的运动模式。
>
> 购买这款跑步机，你会发现你的每一分钱都花得值。当你在自家的客厅、阳台

或者卧室进行跑步锻炼时，你会感到无比的方便。不再需要去挤健身房，不再需要担心天气的影响，在家就能自由地运动，享受健身带来的乐趣。

如果你还在犹豫，让我告诉你一个好消息，我们现在正在做活动，数量有限，先到先得。

在使用 ChatGPT 生成引导下单话术时，我们需要注意几点：首先，我们需要确保话术是真实的，不能夸大产品的功能或质量；其次，我们要用积极、热情的语气鼓励观众下单；最后，我们要明确告诉观众如何下单，让他们知道购买过程是简单方便的。

引导观众下单是直播销售的最后一步，也是非常重要的一步。ChatGPT 可以帮助我们生成有吸引力的引导话术，让更多的观众转化为购买者。

5. 回答用户问题话术

直播过程中，互动环节是增进用户信任和提高转化率的重要手段，有效回答用户问题尤为关键。回答用户问题话术有以下要点。

首先，确保我们理解了用户的问题，是关于产品的质量、功能，还是关于购买过程？例如，"有位小伙伴问了关于 ×× 的问题，是这样的……""有位朋友问到 ××，我来给你解答一下……"

其次，我们可以使用 ChatGPT 来生成回答。例如，如果用户问"这款跑步机耐用吗？"我们可以输入"这款跑步机使用的是高质量材料，经久耐用，我们对它的质量非常有信心"，然后让 ChatGPT 生成回答。

⑩ 我的输入："这款跑步机使用的是高质量材料，经久耐用，我们对它的质量非常有信心"，拓展以上话术。

⑤　亲爱的朋友，谢谢你对我们产品的关注和信任。关于你的问题，我想强调的是，我们这款跑步机采用高质量的材料制造，经久耐用。它的机身结构稳固，所有零件都经过了严格的质量检测，我们对它的质量非常有信心。

事实上，我们在设计这款跑步机时，就充分考虑到了它的耐用性。我们知道，一款优秀的跑步机不仅要有良好的运行性能，更需要有长久的使用寿命。所以我们选择了最耐用、最可靠的材料，确保这款跑步机能在长时间的使用下依然保持稳定的运行性能。

不仅如此，我们还提供了完善的售后服务。如果你在使用过程中遇到任何问题，我们的客服团队会随时为你提供帮助。我们不仅对我们的产品有信心，更对我们的服务有着极高的信心。

第 6 章

评论区互动文案写作

短视频平台不只是单向的信息传递，更是一个互动的平台，观众通过评论、点赞和分享等方式与创作者直接互动。

评论区不再只是一个简单的文字输入框，而是一个富有创意和情感表达空间。通过精心设计的评论区互动文案，我们可以引导用户积极参与讨论，甚至可以将评论区变为一个真正意义上的社区。这不仅能够增加品牌的曝光度，还能够与用户建立更为深厚的信任关系。

在本章中，我们将探讨如何利用 AI 来辅助设计评论区互动文案，从而更准确地抓住观众的兴趣点，增强用户参与度，引导他们积极参与互动。

6.1 短视频评论互动的重要性

评论互动在短视频运营中占据着重要的地位。一方面，通过评论互动，运营者可以与用户建立更紧密的联系，增强用户的黏性；另一方面，评论互动也是运营者了解用户需求、改进内容、提升用户满意度的重要手段。总的来说，评论互动有以下几个重要作用。

1. 构建用户社区

通过评论互动，运营者可以构建一个互动性强的社区环境，让用户感到他们的声音被听到，他们的反馈被重视。这样，用户更愿意参与到评论互动中来。

2. 了解用户需求

评论互动可以帮助运营者深入了解用户的需求。通过阅读和回应评论，运营者可以了解用户对短视频内容的看法，了解他们的兴趣和期望，从而调整内容策略，提供更符合用户需求的内容。

3. 提升用户满意度

对用户评论的及时回应，可以让用户感到被重视，提升用户满意度，尤其是对于批评和负面反馈，运营者的积极回应，可以显示出对用户意见的尊重，同时也可以及时改进，提升用户体验。

4. 创新短视频内容

用户评论中可能包含对短视频内容的新思考，这为运营者提供了一个寻找新主题、创作新内容的机会。运营者可以根据用户的反馈，发掘新的视频主题，开发新的内容方向。

总之，短视频的评论互动是连接运营者和用户的重要桥梁，是构建热点话题、提升用户黏性、优化内容策略的有效工具。为了更好地创作短视频，我们需要深入理解评论互动的价值，打造一个活跃、有价值的评论区。

6.2 短视频评论互动的核心价值

在短视频运营过程中，创作出色的短视频本身就已消耗了大量的精力和时间，为何还要投入时间去回应用户的留言呢？这是因为评论互动有如下几个核心价值。

1. 量化短视频的流量价值

评论数量在某种程度上是衡量短视频价值的直观指标。一般而言，评论数越多的短视频，流量就越大，价值越高。两个短视频，一个评论众多，一个评论寥寥无几，显然前者在流量获取上占据了更大的优势。

此外，用户在观看短视频时，能直接看到评论的数量，这也从侧面提升了短视频的吸引力。评论的数量少，用户可能会怀疑视频的质量，甚至选择跳过；而品牌商在寻找合作伙伴时，如果发现运营者的视频评论不多，可能会认为其账号影响力不足，从而放弃合作。

2. 辅助优化短视频内容

一个短视频，长或许有几分钟，短则只有几秒钟。在这短暂的时间里，它能表达的信息相对有限，有些内容（如网页链接）甚至无法直接通过视频展示，在这种情况下，运营者可以利用评论区来补充和优化视频内容。例如，在一个产品推广短视频的评论区，运营者可以提供详细的产品介绍，并附上产品链接，用户只需点击链接就能直达相关网站。

利用评论区来优化视频内容是对视频内容进行二次加工的有效方式。这不仅可以完善内容，使营销信息更加明确，同时也可以对视频中表达错误的地方进行补充和修正，避免误导用户。

3. 发掘短视频的新主题

在短视频运营过程中，可能最令人头疼的问题就是如何找到吸引人的主题。确实，主题的选择至关重要，如果用户对主题没有兴趣，那么基于这个主题创作的短视频就很难吸引人。查看用户对短视频内容的评论，是一种通过用户反馈发掘新主题的有效方法。

例如，有一个短视频的主题是主播反感某火锅品牌的过度服务和不能自带食材的规定，如图 6-1 所示。然而，在评论区大部分人的关注点却放在了主播的头发上。面对这种情况，短视频运营者便可以根据用户的反馈，制作一个以护发为主题的营销短视频，并在短视频中添加相关产品购买链接。这样不仅满足了用户的需求，同时运营者也能获得一定的收益。

图 6-1

6.3 用创新方式点燃短视频评论热潮

短视频评论区是短视频的重要组成部分，既是内容运营者与用户互动的平台，也是提升视频热度和吸引流量的有效途径，构建活跃的短视频评论区成为运营者的必修课程。本节将介绍五个策略，助您打造一个活跃的短视频评论区。

1. 借力热点事件，点燃用户讨论热情

为了提高用户参与评论的积极性，运营者可以选择一些能引发热议的社会现象或者热点事件作为主题。例如，环保问题是全球关注的焦点，各种生态保护行动、环保法规，甚至环保意识的提高都是大家关心的焦点。从环保角度出发制作短视频，无疑会引发观众的热烈讨论。假

设你制作一个主题为"一次性塑料制品是否应被禁止"的短视频，支持和反对的声音会在评论区热烈碰撞，从而提高短视频的热度，如图6-2所示。

图 6-2

2．通过互动话题引导用户积极评论

不少用户因为觉得打字麻烦或者缺乏评论的动力，往往选择在看过视频后默默离开。为了改变这一情况，运营者可以在短视频中设置一些大众化的互动话题。例如，一个名为"你是否曾因为无法拒绝朋友的请求而烦恼"的短视频中，因为大多数人在生活中都有过类似的经历，观看该视频后用户就会在评论区分享自己的经验，如图6-3所示。

图 6-3

3. 选择共性话题，引发用户共鸣

如果运营者选择的是专业性强、市场关注度不高的话题，那么评论区的活跃度往往难以提升。因此，选择一些具有普遍性的话题是关键。例如，"追剧"是一个大多数人都有共鸣的话题，一个展示了"追剧人的苦恼"的短视频，很可能会引发大量用户的共鸣和讨论，如图 6-4 所示。

4. 通过提问形式，引导用户参与互动

相较于陈述式的话语，提问更能引发用户的思考。在短视频文案中使用疑问句，可以有效吸引用户参与评论。例如，一个揭示社交媒体对生活的影响的短视频，在其标题或结尾处加上"你的价值观是否正在被社交媒体左右"这样的提问，能激发观众思考并吸引其在评论区表达自己的观点。如图 6-5 所示。

图 6-4

图 6-5

5. 构建场景化的回复，提升用户体验

构建场景化的回复是另一种提高评论区活跃度的方法。从具体场景出发，能让用户更加直观地理解和感受到产品的效果，从而提高其参与评论的积极性。例如，一个介绍咖啡的短视频，如果运营者在回复用户关于咖啡口感如何改进的问题时，能详细描述自己在家冲泡咖啡的过程，那么用户往往能够更好地理解和接受这些建议，如图 6-6 所示。

图 6-6

6.4　抓住评论，提高流量

前一小节介绍了如何点燃短视频评论热潮，本小节就具体介绍有用的回复用户评论的技巧。

1. 及时回应，增加互动频率

在短视频运营中，及时回复评论非常关键。用户在评论后得到的及时反馈能增强他们与内容创作者的情感连接，有利于增强粉丝黏性。

例如，植物盆栽养护类短视频运营者"绿指小筑"，就有良好的评论回复习惯。运营者会在用户评论后的几分钟内快速做出回应，使用户

感到被重视，认为自己的声音被听到，从而增加与该账号的互动频率。

另一个值得借鉴的例子是博主小冰，她将回复评论看作维系用户关系的一种方式。尽管她的回复内容相对简洁，但一直坚持对每条评论都做出回应。这些回复可能并非十分有深度，但频繁的互动更易获得用户的好感，如图 6-7 所示。

2. 以质量为导向，提升高质量互动

评论回复不仅仅是简单的量化工作，对有的账号来说，互动回复的质量很重要。

在这一点上，博主"金枪大叔"就做得非常出色。他总能针对评论中的关键内容，做出有深度的回应，真诚且热情，这样的回复策略，有助于形成高质量的互动，如图 6-8 所示。

图 6-7   图 6-8

3. 以话题驱动，吸引更多参与者

　　有时，用户对短视频中的内容可能并无过多兴趣，但通过评论区的深度讨论，可以吸引更多的用户，引导他们持续关注我们的短视频。

　　健康生活分享类短视频运营者"皮西同学 Patti"就是一个非常好的例子，通过发起关于"早睡早起的好处"的话题，吸引了大量用户参与讨论，使得原本可能因内容单一而流失的用户重新对他的短视频产生兴趣，如图 6-9 所示。

　　另一个值得一提的例子是动物保护类短视频运营者"爱猫日记"，其视频中分享了一只小猫的故事，并在评论区中提出了"如何更好地保护流浪猫"的话题，引发了大量用户的讨论和关注，进一步提升了短视频的影响力。

图 6-9

4. 语言风趣，赢得点赞

　　在我们日益"线上化"的生活中，令人难以忘怀的风趣语言变得更加重要。

　　例如，在短视频评论区有些人可能只是简单地评论"这个好笑"或者"很棒"，而有些人则能够以自己的语言魅力将评论提升到一个全新的层次。他们可能会用到独特的口头禅，诸如"这个笑点比我上次做的糖醋排骨还炸裂"。这些评论不仅带有个人特色，还以出人意料的方式赞美了视频内容，引起人们的注意。

5. 提出问题，活跃气氛

通过提出问题，运营者可以鼓励用户参与到更深层次的讨论中。

例如，一个有关环保的短视频发布后，有些人可能只是留下一个"支持环保"的简单评论。作为运营者，你可以通过提出一些有深度的问题来引发更广泛的讨论，如"你觉得自己可以通过哪些方式来支持环保？"或者"你认为社区应该怎么做才能更好地支持环保？"这样，你不仅提供了一个平台供人们表达观点，还鼓励他们进行深度思考，进一步进行互动。

提问的价值在于引发人们的思考，有效的提问可以引导用户进行更丰富、更有深度的对话。而且，当人们看到他们的观点和想法被重视，他们就会更有可能持续参与互动，从而使评论区变得更活跃。

你也可以进一步提出一些开放性的问题，鼓励人们分享个人的故事或经历。例如，你可以问："你们有哪些支持环保的故事可以分享吗？""你们在环保行动中遇到过什么挑战？"这种类型的问题能够引发人们的共鸣，促使他们分享个人的经历。

6. 重视细节，吸引粉丝

用户经常会在细节中感受到运营者的用心，这也是运营者吸引粉丝的重要手段。这种细节既体现在内容的制作和发布过程中，也体现在对用户的回复中。例如，短视频账号"狗哥健身干货"的运营者几乎对每一个用户评论都进行认真回复，用专业知识解答用户的问题，让用户感受到他的专业性和热情，如图 6-10 所示。

图 6-10

7. 面对"吐槽",保持淡定

网络的匿名性让一些人变得毫无顾忌,甚至经常发布恶意的吐槽和攻击。作为短视频运营者,妥善处理这些负面讨论也是一项必要的技能,一种策略是保持幽默和乐观,遇到恶意评论时,以幽默乐观的态度回应,既避免了和用户的直接冲突,也显示了运营者的大气和包容;另一种策略是直接忽视这些负面评论,专注于积极的互动,以此保持评论区的积极气氛。

8. 做好检查,减少错误

准确和专业的回复是建立信任的关键,因此,每一条回复都需要经过仔细检查,以确保其准确无误,尤其是科技类、知识类的短视频运营者，在回答专业相关的问题时，必须进行仔细的查证，以确保给出的信息是准确和可靠的。此外，回复内容也要经过严格的排版，使其更加专业和可信。

以上的策略都可以帮助我们打造一个高效、活跃、和谐的短视频评论区。作为短视频运营者，我们的目标不仅仅是暂时吸引用户的注意力，更重要的是与用户建立长期的联系，提供有价值的内容，鼓励有意义的互动。只有这样，我们才能在充满竞争的短视频市场中脱颖而出。

6.5 短视频评论区文案写作技巧

写短视频评论区文案时，掌握一些关键的技巧可以有效吸引读者的注意力，在交流中产生积极的影响。以下是一些短视频评论区文案写作的技巧。

1. 简明扼要

短视频评论区的文案通常需要在有限的字数内表达观点。因此，其写作关键是简洁明了，用简明的语言概括自己的观点，给出专业的建议，尽量避免使用冗长的句子，从而使读者更容易理解你的意思。

2. 引人入胜的开头

在评论的开头引起读者的注意非常重要，可以用有趣的问题、新奇的观点或引人入胜的故事作为开头，这样能够吸引读者继续阅读你的评论。

3. 提供具体证据支撑观点

在评论中表达观点时，尽量提供具体的证据来支持你的观点。证据可以是具体的例子、数据或权威的研究成果，这样能够使你的评论更有说服力。

4. 尊重他人观点

在评论中尊重他人的观点和意见是非常重要的，即使你对某个评论的观点持不同意见，也要以尊重和理性的方式表达自己的看法，避免恶意攻击或嘲笑他人。

5. 使用恰当的语气和语调

在评论中使用恰当的语气和语调非常重要，要尽量使用中立、友好的语气，避免使用攻击性或过于情绪化的语言，这样有助于营造积极的交流氛围，增加你的评论被他人接受和理解的可能。

6. 吸引人的结尾

在评论的结尾可以用一个吸引人的结论或鼓励性的句子来总结你的观点，并鼓励用户对你的评论做出回应或继续进行讨论。

6.6 评论回应的注意事项

回应评论看似简单，但实际上需要注意许多细节。以下将从三个方面来详细介绍。

1. 及时回复评论

作为短视频运营者，及时回复评论至关重要，这不仅能让用户感到被尊重和重视，还能通过评论互动提高视频的热度，吸引更多的用户关注。

2. 避免重复性的回应

对于相似的问题，或者反复出现的问题，运营者应尽可能避免重复性的回应。这主要基于两个考虑：一是重复的回应会让评论区充满营销痕迹，这可能会引起其他用户的反感；二是获得较多点赞的问题，因其会自动排到评论区的前列，运营者只需对这些问题进行详细的回应，其他有类似疑问的用户便能看到。这样既节约了时间，又避免了重复。

此外，运营者可以通过自我评论的方式，统一解答用户关心的问题，这样，用户在看到评论后，就能直接得到相关问题的答案。

3. 规避敏感问题和词汇

对于一些敏感问题和词汇，短视频运营者在回复评论时要格外谨慎，尽可能避开这些敏感话题，回复中也要避免使用敏感词汇，这既能防止不必要的争议，也能保证账号的安全。

第 7 章

段子文案写作

在快节奏、高度碎片化的社交媒体时代，想让自己创作的内容吸引人们的注意并引发共鸣变得越发具有挑战性。段子文案以其幽默、简洁和生动的特点，逐渐成为一种广受欢迎的信息传递方式。

段子文案不是简单的笑话，而是一种将信息以轻松幽默的方式传递给观众的手段。然而，创作高质量的段子文案并不容易。

对此，我们可以利用 AI 了解用户喜好和市场趋势，极大地提高我们的创作效率，同时也为我们提供更多灵感。

当然，段子文案的创作需要人类的情感和直觉，这是 AI 无法完全替代的。AI 在这里的角色是辅助者，为我们提供更多可能性。

在本章中，我们就来探讨如何利用 AI 技术来辅助创作段子文案。

段子式的短小精悍、直达人心的文字，与短视频特性完美契合，它要求我们必须以最精简的语言，去描绘更丰富的故事。

好的段子可以让创作者的视频脱颖而出。在网络高速发展的今天，段子层出不穷，给我们提供了无尽的灵感。

例如，"一把年纪了还这么可爱，我真是个罪人"，如图 7-1 所示。

例如，"肌肉，是男人赋予自己最奢华的服饰。"这句用于推广 Logo 设计的文案，鼓励用户坚持健身，变成更好的自己，如图 7-2 所示。

图 7-1

图 7-2

例如，"只要你愿意思考，愿意行动，你永远可以用你想要的方式，定义出属于自己的美好生活。"这句话来自一款日历应用账号，它激发了观众对新生活的期待，如图 7-3 所示。

这些成功的案例展现了段子在短视频中的独特价值，它可以为短视频注入新的生命力，为品牌和产品的推广提供强大的推动力。

图 7-3

7.1 优秀段子文案的五大特点

优秀段子文案可以在各种场景中发挥重要的作用，触动读者的情绪，帮助品牌或个人与用户建立连接并给用户留下深刻的印象。优秀段子文案通常具有以下五个方面的特点。

1. 幽默风趣

优秀段子文案可以利用夸张、讽刺、一语双关等手法，制造出妙趣横生的效果，让人忍俊不禁。

例如："钱包不突出，事业不突出，就剩下腰间盘突出了。" 这个段子运用了对比和夸张的手法，以幽默的方式揭示了生活中的压力，如图 7-4 所示。

图 7-4

2. 简洁明了

简洁明了的段子文案在社交媒体上尤为受欢迎，因为它们能够迅速吸引用户的注意力。以下是一个抖音上的段子例子：

"健身是一场内心和身体的对峙。"

这个段子通过简短的语言，巧妙地描绘了许多人健身时的内心挣扎。它没有复杂的结构或冗长的描述，直接点明了观点，使得读者能够迅速抓住共鸣点，如图 7-5 所示。

3. 出人意料

优秀段子往往通过改变常规的设定或突破观众的预期，创造出戏剧性的效果。

例如："我年纪轻轻工资就达到了 3200 一个月"，如图 7-6 所示。

这个例子中最值得玩味的地方在于"就"字，非常巧妙地反讽了年轻人工资普遍偏低的现状。

图 7-5

图 7-6

4. 切入点新颖

优秀段子文案通常能够找到新颖的切入点，引发读者的兴趣和好奇心。它们能够从不同的角度出发，让人眼前一亮。

例如："你知道吗？我最近加入了一个特殊的健身俱乐部——'时光倒流健身会'。每次去锻炼，感觉不是在增肌，而是在和岁月赛跑。跑步机上，每跑一步就年轻一岁；举铁时，每举一次就找回一段逝去的青春。只是，有时候会担心自己练得太狠，一不小心回到了幼儿园……"

这个段子通过一个新颖而富有想象力的"时光倒流健身会"来吸引读者，使读者产生好奇心，同时通过幽默的叙述，营造了轻松愉快的氛围，让人忍俊不禁。

5. 结构紧凑

好的段子结构简洁紧凑，通过简单的叙述抓住关键细节，将段子的情节、转折和笑点展现得清晰明了。

例如："我的手机这几天总是收到一些奇怪的电话，每次都是一个人在电话里默默地倒计时，然后挂断。后来我终于憋不住了，打电话给其中一个号码，原来他是个快递员，每天都在倒计时，给自己增加工作动力！"

这个段子中"我"手机收到奇怪电话，每次都倒计时然后挂断，这一点引起了人们的好奇；接下来的一句话"后来我终于憋不住了，打电话给其中一个号码"，刻画了主人公的心理活动；最后一句话是一个转折，原来这些奇怪电话只是快递员在给自己增加工作动力，让人非常意外。

7.2 优秀段子手的特质

段子是一种短小精悍的语言艺术，它依赖于作者准确、生动的语言表达，深入的思考和独特的观察力。一个优秀的段子手通常具有如下特质。

1. 扎实的语言功底与对生活的独特洞察力

段子手能够创作出独特而幽默的段子，是因为他们具有扎实的语言功底和对生活的独特洞察力。

- 扎实的语言功底：作为段子手，语言是创作的工具，只有熟练掌握这个工具，才能在创作中游刃有余。要拥有扎实的语言功底，不仅要求我们扩大词汇量，理解各种复杂的语言结构，更需要我们学习如何有效地使用语言来表达我们的思想和情感，而这就需要我们通过大量的阅读和写作来提高语言表达能力。
- 对生活的独特洞察力：优秀的段子手往往都是生活的观察者，能从平凡的生活中发现那些被别人忽视的独特之处，然后通过独特的视角和语言，将这些独特之处展现给观众。

2. 深度思考与情感投入

掌握扎实的语言功底和对生活的独特洞察力后，我们还需要进行深度思考，有情感投入，才能有效地将我们的思想和情感转化为吸引人的段子。

- 深度思考与精练表达：我们需要思考段子想要传达什么信息，想要表达什么情感，然后用精练的语句表达出来。
- 情感投入：段子的魅力也在于情感投入。一个好的段子，不仅可以让人笑，还可以让人思考，甚至可以让人感动。因此，我们在创作段子时，需要让段子成为我们情感的载体，将我们的情感传递给观众。

3. 找到自己的风格

段子创作是一项长期的工作，需要我们不断地学习和实践，才能逐渐找到自己的风格。

- 持续学习：成为优秀的段子手，我们需要持续学习，不断地提高我们的知识水平和技能水平。我们需要阅读各种书籍，学习各种知识，扩大视野，丰富生活体验，提高思考能力。同时，我们还需要了解其他优秀段子手的创作方法和技巧，从他们的作品中借鉴经验。

- 持续实践：段子创作是一项实践性很强的工作，我们需要通过大量的实践，才能真正掌握段子创作的技巧。

7.3　段子文案的结构与案例解析

段子的主要结构包括引人入胜的开头、紧凑的发展、出人意料的结尾。接下来，让我们详细分析一下段子文案的结构。

1. 引人入胜的开头

每一个成功的段子，都必须有一个引人入胜的开头，它是吸引读者、激发读者兴趣的第一步。

● 打破常规

优秀的段子开头通常会打破读者的预期，以一种出人意料的方式开启故事。

段子开头可以通过引用或讽刺常见的观点、使用俚语或习语来吸引读者的注意力和好奇心。

例如，常规开头："生活中总会有困难和挑战。"

打破常规的开头："生活就像一盒巧克力，你永远不知道下一颗是什么味道，但你可以学会享受每一口。"

这个例子通过将生活比作巧克力，将原本消极的主题转变为积极和令人期待的，不仅有趣，还鼓励读者以更乐观、更开放的心态去面对生活中的不确定和挑战。

● 突出主题

段子开头应突出主题，让读者一眼就能看出我们想要传达的信息。一个明确、突出的主题，可以让读者更愿意阅读下去。

段子开头可以直接传达信息或使用比喻、对比等手法来突出主题。

例如，主题：高效学习。

突出主题的开头："打破学习迷思：不是苦行僧，也能成学霸！"

这个开头直接点出了高效学习的主题，用"苦行僧"和"学霸"这两个对比强烈的词汇，打破了必须付出巨大刻苦努力才能成为学霸的刻板印象，以积极、自信的方式展现出高效学习的重要性，从而勾起读者的好奇心，让他们想要进一步了解高效学习的方法和技巧。

● **引发共鸣**

段子开头要能引发读者的共鸣，一个能够引发共鸣的开头，可以让读者更愿意接受我们传达出的信息。

例如，主题：工作很痛苦。

引发共鸣的开头："每逢周一，我的闹钟就狠狠地将我从梦境中拽出来。我知道，新的一周又要面对工作上的无尽痛苦了。"

这个例子中描述的周一早上不愿起床和不想面对工作中的痛苦，是很多人的共同经历。读者很容易通过这个开头产生共鸣。

2. 紧凑的发展

段子的节奏应该紧凑，不断推进故事的发展，满足读者的期待。

● **明确的进展**

段子的发展应该明确，让读者能够清楚地看到故事的进展。明确的进展可以通过引出冲突、设置悬念、给出承诺等方式实现。

例如，主题：冒险旅行。

"我就这样，背着行囊，踏上了崎岖的山路。虽然我知道这将是一次艰难的冒险，但内心的渴望驱使着我向前。"

这个例子通过描述主人公踏上冒险旅行的决心和渴望，明确了故事的发展方向。读者可以清晰地知道，故事将围绕冒险旅行展开，并可以预见主人公将会有一系列有趣的经历。

● **引人入胜的冲突**

段子的发展也可以有冲突，这些冲突可以增加故事的紧张感，使读者想要知道故事的结果。

冲突可以通过制造障碍或引出争议等方式来实现。

例如，主题：爱情故事。

"他们的邂逅，就像银河中两颗流星的偶然交汇，瞬间点亮了彼此的宇宙，但命运似乎并不愿意轻易成全。在重重阻碍之下，他们的爱情能否经受住考验，绽放出更加绚烂的光芒？"

这段话通过对浪漫邂逅的描绘和命运考验的强调，提升了故事的吸引力。以"银河中两颗流星的偶然交汇"来形容两人的相遇，不仅形象生动，还增添了一丝神秘与浪漫的气息。同时，"命运"和"重重阻碍"为故事增加了悬念和紧张感，使读者更加期待接下来会发生什么，以及主角如何克服困难。

3. 出人意料的结尾

每一个成功的段子，都必然有一个出人意料的结尾。结尾是段子的高潮，是我们赢得读者喜欢、赞赏的最后一步。

● **反转的结尾**

反转可以通过出乎意料的转折或巧妙的双关等方式实现。

自然、不突兀的反转能够吸引读者的注意力，给读者留下积极的印象。

● **点题的结尾**

段子式文案的结尾还应该点题，让读者能够理解我们想要传达的信息。一个点题的结尾，可以让文案更加完整，更加有力。

● **引发思考的结尾**

段子的结尾还应该引发读者的思考，一个可以引发读者思考的结尾，可以让文案更有价值和深度。

段子是一种艺术，它需要我们深入理解、精心设计，才能用更精简干练的语言传达出我们想要表达的信息，触动人们的心弦，实现扩大传播范围的目标。

7.4 段子写作技巧

段子有着独特的魅力，它能让我们在轻松愉快的氛围中洞察生活的真谛。那么，对于创作者来说，如何才能写出让人拍案叫绝的段子呢？下面我们介绍一些段子的写作技巧，以供学习与借鉴。

1. 选择新颖而有趣的切入点

选择一个新颖而有趣的切入点是成功的关键，可以从日常生活、社会时事、人际关系等方面入手，找到一个与目标读者相关并容易引起读者兴趣的主题，比如，"数字化社交时代下的人际关系突围之道"。随着科技的发展，人们越来越倾向于通过社交媒体、手机应用等数字化平台进行交流。然而，这也带来了一些问题，比如虚拟世界中的社交和真实生活中的社交之间的差异，以及社交媒体给现实生活中的人际关系带来的影响。

以此为切入点，我们可以探讨如何有效地在数字化社交时代建立和维护真实而有意义的人际关系。可以先分享一些关于数字化社交的趣事和现象，比如虚拟约会的奇妙经历、社交平台上的奇特交友方式等。接着，可以讨论数字化社交与真实生活社交之间的差异，比如面对面交流和线上交流的不同感受和效果，以及如何在两者之间找到平衡点。

在分享的过程中，可以介绍一些实用的方法和技巧，帮助读者在数字化社交时代中更好地建立和维护人际关系。通过分享一些真实的案例来展示这些方法和技巧的有效性。

2. 夸张与对比的运用

运用夸张和对比的手法，可以增加段子的笑点和娱乐性。

例如，"长得帅是多么不容易啊！每次看镜子都被自己的颜值惊艳到，就连自家狗都不敢跟我一起出门丢人现眼。"

在这个段子中，先通过夸张的手法来描绘主人公的自信，他每次看镜子都被自己的颜值惊艳到，这一点在现实生活中是不太可能发生的夸张行为。

接下来，通过对比的手法，主人公的自我感觉和实际情况形成强烈反差。虽然主人公自认为非常帅气，但自家的狗都不想跟他一起出门，制造了笑料和娱乐效果。

3. 双关语的巧妙运用

运用双关语可以使段子更加幽默，更有深意。利用词语的多义性或语义的转换，可以制造出意外效果。

双关语的巧妙运用可以使段子文案更加幽默，表达更加丰富。通过利用词语的多义性和语义的转换，我们可以制造出出人意料的效果，让读者在轻松愉快的氛围中感受到文案的魅力。

7.5　使用文心一言生成高点击率的段子文案

前面学习了段子文案的特点、创作方法和技巧，下面我们使用文心一言帮助我们生成一个高点击率的段子，具体步骤如下。

（1）确定目标受众：了解你的目标受众是谁，以及他们的兴趣和需求是什么。

（2）挑选主题：根据目标受众确定主题，或者选择一些趣味性强的宽泛主题。

（3）写出引人入胜的文案：在选定的主题基础上，写出引人入胜的文案。可以运用幽默、夸张、反讽等技巧，让文案更具吸引力和趣味性。

（4）调整和优化：生成初稿后，进行调整和优化，如增加悬念和趣味性，精简文字，使文案更精练、有吸引力。

通过以上步骤，你就可以利用文心一言生成高点击率的段子文案，示例如下。

🎤 **我的输入**：段子式文案的结构：1. 引人入胜的开头，2. 紧凑的发展，3. 出人意料的结尾。请根据这个结构创作高点击率的段子文案。

---

⑤ **切入点**：前两天，我给小侄子买了块智能手表，那玩意儿功能多得让人眼花缭乱。

夸张与对比：我试了试，这手表比我小时候玩的变形金刚玩起来还过瘾。我得时刻提醒自己，这可是个手表，不是玩具！

双关语：到了深夜，手表突然响了起来，显示"时间不早了，早点休息"。我疑惑地看着它，它似乎在说："时光飞逝，还非得让我提醒你珍惜。"

借用成语和俗语：都说"时光如梭"，没想到这手表比梭子还急。

结尾：现如今，小玩意儿比长辈还会关心人，看来我得赶紧"与时俱进"，学学怎么用这智能玩意儿了！

🎤 **我的输入**：令人拍案叫绝的段子具备以下四个关键的创作要素：1. 切入点的选择；2. 夸张与对比的运用；3. 双关语的巧妙运用；4. 巧妙借用成语和俗语。综合以上技巧，创作高点击率的段子文案。

---

⑤ **开头**：最近听说有一家餐厅，每道菜的价格都由客户的心情决定。

发展：顾客去吃饭，有的开心给了 100 块，有的郁闷只给了 5 块。老板看似从容，但服务员私下都苦不堪言。

结尾：因为他们的工资是根据顾客点菜的价格决定的。

第 8 章

短视频内容标签化

在信息爆炸的时代，内容标签化作为一种对信息进行分类的方法，已经成为我们有效获取所需信息的重要手段之一。在短视频领域，内容标签不仅可以让用户迅速找到感兴趣的视频，还能帮助创作者更好地定位目标受众，实现精准传播。

AI 技术在内容标签化方面发挥着重要的作用。它可以通过分析视频的内容、语音、画面等要素，自动生成相关的标签。这不仅可以节省人工标注的时间和精力，还可以确保标签的客观性。

同时，AI 还可以利用自然语言处理技术，识别视频中的关键信息，帮助创作者更好地选择合适的标签，提高视频的曝光度，获得更好的传播效果。

在本章中，我们将深入研究内容标签化在短视频中的应用，以及如何借助 AI 技术来优化标签。

8.1 短视频文案标签化的概述

通过对短视频文案进行标签化，可以将文案内容与相应的主题、类别、关键词等进行关联，从而方便用户搜索和平台推荐相关内容。

1. 标签化是短视频文案的主要特征

在我们正在经历的数字化时代中，"00 后"等新一代的互联网用户正在成为网络表达的主导者。他们的表达方式和内容消费习惯都明显地体现出了对于简练、有力且富有针对性的标签化语言的偏好。

一名活跃的短视频平台用户可能都有过这样的体验：当用户反复浏览某种类型的视频时，同类型的内容会在主页上频繁地出现。这并非偶然，而是这些平台的智能推荐算法在默默地记录和学习用户的偏好。

那么，这些系统是如何识别并挑选出符合用户喜好的视频内容的？这就要提到我们的主角——标签。每一个视频都有其特定的标签，这些标签实际上是视频内容的关键词，系统会根据这些关键词获取视频的主要信息，并将其推荐给喜好相似的观众。

如图 8-1 和图 8-2，在大多数情况下，标签以"#……"的形式出现。在发布视频时，正确地添加标签显得尤为重要，如果没有正确的标签，视频很可能无法被系统准确识别和推荐。

图 8-1   图 8-2

为每一个视频精心选择和设置标签，才能让创作者的作品吸引更多的关注。

创作者可以根据视频内容选择最能概括和描述其作品的标签。例如，如果视频是关于美食的，可以添加"美食制作""美食分享""烹饪技巧"等标签；如果视频是关于旅行的，那么"旅行攻略""景点推荐""旅行日记"等标签可能更适合；如果创作者专门发布儿童教育内容，可能需要使用"儿童教育""育儿经验分享""早教知识"等标签来吸引目标受众。这样一来，当有人在搜索栏输入这些关键词时，创作者的视频就有可能出现在他们的搜索结果中，从而带来更多的观看和分享。

标签是创作者与目标观众建立连接的桥梁，因此，深思熟虑地选择和设置标签，是创作者在短视频创作中必须重视的一环。

2.短视频标签类型

短视频标签可以分为以下几种类型。

（1）题材标签

这些标签用于描述视频的主题或内容。例如，"美食""旅行""时尚""搞笑"等，帮助用户快速了解视频的内容，并吸引对该主题感兴趣的观众。

（2）表达风格标签

这些标签用于描述视频的表现方式或风格。例如，"创意""幽默""感动""励志"等，可以让用户对视频的风格有更准确的判断。

（3）目标受众标签

这些标签用于描述视频的目标受众群体。例如，"学生""家长""职场人士""宠物爱好者"等，帮助视频更精准地吸引目标受众。

（4）地域标签

这些标签用于描述视频所涉及的地理区域或地域特色。例如，"中国美食""巴黎风情""日本文化"等，帮助用户发现与特定地区相关的视频内容。

（5）平台相关标签

这些标签与特定的短视频平台或社交媒体平台相关。例如，"抖音""快手""YouTube"等，可以帮助视频在特定平台上得到更好的曝光和传播。

3.短视频标签的两种生成方式

短视频平台上，通常有两种生成标签的方式：一种是由系统自动生成，另一种则是由创作者自主设定。

（1）系统自动生成标签

这种类型的标签是由平台的特定算法根据视频内容自动导出的，这些标签会在我们上传视频的时候自动呈现，供我们选择是否使用。系统提供的标签适用性广泛、规范性强，而且经过大量用户的验证，具有较高的受众匹配率。

例如，某些平台会在特定的节日或活动时期推出相应的短视频征集活动，如"回学校""国庆狂欢""中秋联欢"等，这为我们提供了很好的创作灵感。当我们在制作相关视频时，就可以适时地采用这些平台推荐的标签，这样可以更有效地吸引观众，获取更多的曝光机会。

（2）创作者自主设定标签

有时候，平台的算法无法完全理解我们的视频所要表达的全部信息，尤其是那些隐含的、艺术化的、深层次的意义。因此，平台也允许我们自己添加标签。

自主设定标签虽然更自由，但是标签仍然需要通过平台的审核，如果标签设置得不够规范，可能无法有效吸引观众。

在添加自主设定的标签时，我们需要注意以下几点。

①确保标签准确、简洁，避免拼写错误，否则可能导致分类错误。尽管平台有文本纠错功能，但是并不能完全依赖平台。

②尽量使用常用名词，减少形容词和罕见词的使用，形容词和罕见词可能无法被系统准确识别。

③避免标签过多，使用专业性更强的标签。例如，如果你发布了一段关于商业投资的视频，你可以使用"商业"和"投资"这样的关键词进行标注，这样可以最大限度地吸引对相关领域感兴趣的观众。

4. 标签应用案例

为了更好地理解标签的应用，我们不妨看看以下两个应用案例。

【案例一】火锅相关短视频标签化

这是一个以"火锅"为主题的短视频，视频中展示了各种各样的火锅料理和烹饪方法，配以热烈、明快的音乐，激发观众的食欲。在发布视频时，作者可以使用以下标签。

"海鲜火锅"：突出视频中展示的海鲜火锅料理，吸引对海鲜火锅有兴趣的观众。

"海鲜美食诱惑你"：强调视频中各式海鲜美食的诱惑，吸引对美食有兴趣的观众，如图 8-3 所示。

"抖音本地流量来了"：利用热门标签吸引抖音平台上的用户关注和观看。

其他可能的标签还包括"火锅料理""美食探索""美食分享"等。通过使用这些标签，可以提高视频的曝光度，同时标签化也有助于为平台的推荐算法提供更准确的数据，进一步提升用户体验。

【案例二】健身相关短视频标签化

这是一个以健身为主题的短视频，展示了几种简单易学的家庭健身动作，配以鼓舞人心的背景音乐，旨在激发观众的健身热情。在发布视频时，创作者可以使用以下标签进行标签化，旨在吸引那些对健身和运动感兴趣的观众。

"居家锻炼"：强调视频中展示的动作适合在家中锻炼，吸引那些希望在家中健身的观众。

"俯卧撑"：突出视频中展示的俯卧撑动作，吸引对俯卧撑有兴趣的观众。

"卷腹"：强调视频中展示的卷腹动作，吸引对卷腹和腹部训练感兴趣的观众，如图 8-4 所示。

图 8-3

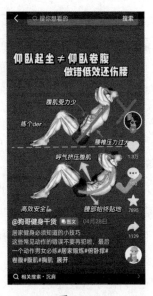

图 8-4

其他可以使用的标签还可以包括"家庭健身""简单易行""增强体能"等。

8.2　短视频标签化的优点和作用

　　短视频标签化不仅可以提升用户体验，加强内容筛选与分类，实现个性化推荐，还可以为平台提供数据分析和运营优化的依据，从而促进短视频平台的发展。

1. 短视频标签的优点

　　每次创作者发布新视频时，平台系统会先进行审核，这个过程主要通过标签对视频内容进行分类，并进行初步推荐。接下来的人工审核则基于初步推荐的结果，进一步确认标签的准确性，从而更精准地向目标用户进行推荐。

　　以快手为例，快手作为一个具有强大推荐算法的平台，其推荐系统会根据视频或文案中的标签进行推荐。例如，如果创作者的短视频标题中包含了"旅游""摄影""自驾游"等关键词，那么视频很可能会被推荐给喜欢旅行和摄影的用户群体。

　　在微信视频号上，如果一个动漫爱好者想要寻找关于"二次元"的视频，他们可能会在搜索栏中直接输入这个关键词。此时，那些在标题或文案中包含了"二次元"标签的视频就会优先显示，如图 8-5 所示。

　　使用的标签越准确，创作者的视频被平台推荐、被粉丝搜索到的概率就会越大。因此，作为创作者，必须了解搜索频率较高的关键词有哪些。

图 8-5

2. 短视频标签的作用

给短视频贴标签的作用如下。

（1）定位账号

通过使用不同的标签来给内容分类，使账号在粉丝心中形成独特的形象。例如，"猫耳 FM"的主题是情感，"千寻猫腻"的主题是情感故事，"黑猫厨房"的聚焦领域是美食。正因为有了这些标签，这些账号才更容易在粉丝心中留下印象，与其他账号区分开来。

（2）提示和概括视频内容

标签是对视频内容的高度概括。例如，一个美妆博主，视频内容是介绍化妆技巧，那么在文案中就要多体现与化妆技巧有关的关键词，还可以直接说明化妆品类型，例如，"画眼线技巧""粉底液选择""口红色号"等。

一条视频中标签的数量有一定限制，通常为 3~5 个。如何选择，则取决于视频的具体内容。如果视频主要展示的是口红色号，那么主要关键词就是"口红色号"，还可以选择一些与主题相关的标签，但最好只选一个，比如"持久"或"显色"。这样，标签就变得更加精准，粉丝一看就明白视频内容是什么。

（3）提升视频的曝光度

当标签精准时，视频的曝光度可以显著提高，这是因为每个标签都代表一个特定的领域或主题，一旦标签设定准确，平台的推荐系统就能够把你的视频精准推送给对应的目标群体。

如果你投入了大量时间和精力拍摄和编辑视频，但播放量不如意，这时就需要审视自己是否漏掉了标签的应用。

8.3　给短视频添加标签的原则和技巧

1. 给短视频添加标签的原则

给短视频添加标签应遵守以下几方面的原则。

（1）准确性原则

标签应准确地描述短视频的内容和特点，避免误导用户。标签应与视频的主题、风格、情节等相关，与视频内容保持高度一致。

（2）层次性原则

标签应该有明确的层次结构，以便更好地组织和分类视频内容。可以从整体到细分，从大类到小类进行标签的划分，方便用户浏览。

（3）可搜索性原则

标签应该具备可搜索性，具备详细描述短视频内容的关键词，以便用户能够快速找到他们感兴趣的内容。

（4）流量原则

在添加标签时，可以根据用户的喜好和热门趋势考虑使用一些流量更大的标签，以吸引更多用户的关注。

（5）有限性原则

选择适量的标签，避免过度使用或添加无关的标签。过多的标签可能会降低标签的有效性。

（6）更新迭代原则

随着短视频的不断发展和变化，标签也需要进行更新和迭代。时刻关注用户的反馈和市场动态，及时对标签进行调整和优化。

需要注意的是，添加标签时还需要遵循相关法律法规，不得使用含有违法、低俗、暴力等不良内容的标签。同时，标签的选择也需要考虑平台的用户群体定位，以满足不同用户的需求。

2. 给短视频添加标签的技巧

给短视频添加标签时，可以使用以下技巧来提高标签的准确性。

（1）分析视频内容

明确短视频的内容、主题和特点，了解它所表达的核心概念和信息，以便选择与之相关的关键词作为标签。

（2）研究目标用户需求

研究目标用户的需求和兴趣，了解他们通常会使用何种关键词进行搜索。根据用户需求来选择合适的标签，以提高短视频的曝光率。

（3）使用关键词工具

利用关键词工具（如 Google Trends、百度指数）来查找热门关键词。这些工具可以提供关键词的搜索量和热度趋势，帮助你选择具有潜在流量的标签。

（4）确保标签的多样性和层次性

给每个短视频添加多个标签，并确保标签之间具有多样性和层次性。这样可以提供更多选择，帮助用户更好地筛选出他们感兴趣的视频。

（5）使用组合标签

尝试将标签进行组合，以提供更详细和精确的描述。例如，如果视频是一部搞笑的动画片，可以使用"搞笑""动画""喜剧"等。

（6）使用长尾关键词

除了一些常见的关键词，还可以添加一些长尾关键词，即搜索量不是特别高但始终有人感兴趣的关键词。这些关键词能够为短视频提供长尾流量。

（7）关注热门趋势

关注热门趋势和当前热点话题，选择与之相关的标签。这样可以吸引更多的观众和流量，提高短视频的曝光率。

（8）进行优化和调整

根据用户反馈和数据分析，随时优化和调整标签。

8.4　优化短视频标签的技巧

正确地应用标签能够显著提高短视频的曝光率和互动率，以下是一些优化短视频标签的技巧。

（1）进行市场调研

受众的喜好是影响标签选择的重要因素。因此，我们使用相关的搜索工具，如百度指数、微博热搜、知乎热榜等，了解网友的热议话题和关键词，将它们合理地融入标签，以提升短视频在搜索引擎中的排名。

（2）关注热点

追踪热门话题并立即使用相关标签，能有效提升短视频曝光率。例如，在"双十一"购物狂欢节期间，相关的购物技巧、产品测评等短视频往往更受欢迎，因此这类短视频标签应该突出"双十一""购物技巧""产品推荐"等词汇。

（3）创新标签

除了常规和热门标签，创新性的标签也能吸引用户眼球。可以根据视频内容创造一些新的标签，使得短视频在同类型视频中脱颖而出。

例如，抖音平台有一位叫"帅农鸟哥"的博主，记录了自己在农村生活的点点滴滴，不仅分享种植、画画、烹饪的过程，还展现了美丽的乡村风光。他发现他的粉丝中，很多人都对亲近自然的生活方式很感兴趣，因此，他经常使用"乡村守护人""新农村计划""我的乡村生活"等标签，这使得他的视频更容易被喜欢乡村生活的用户发现，如图8-6所示。

又如，在小红书上，博主"冰糖炖雪梨"分享自己与猫咪的日常生活，经常使用"猫咪""我家宠物好可爱""萌猫日常"等标签，吸引了大批猫咪爱好者关注，如图 8-7 所示。

图 8-6

图 8-7

8.5 短视频标签的误区

在短视频标签的应用过程中，也存在以下需要注意的误区。

1. 误用热门标签

为了吸引更多的观众和点击量，有些人可能会用热门但与视频内容不相关的标签，这样会误导观众并降低观众的满意度。

2. 过度使用标签

尽管标签能提升视频曝光率，但并非越多越好。应避免使用过多或无关的标签，标签的数量和质量需要达到一个平衡，一般选择 3~5 个相关且精准的标签即可。

3. 忽略关键词变化

随着时间的推移，用户的搜索习惯和关键词偏好可能会发生变化。如果不及时关注并调整标签，可能会影响短视频的曝光度。

4. 不具体或模糊的标签

使用模糊或不具体的标签，会使你的短视频很难被推荐给真正的目标受众。

5. 忽视本土化

如果短视频内容有地域特色，在选择标签时需要注意本土化和地域化。选择与相关地区文化、生活、趣事相关的标签，有助于短视频的推广和传播。

例如，在小红书上，有一个叫"南京美食家小赵"的创作者，经常分享南京的风土人情、美食、旅游景点等内容。他会在标题和标签中加入"南京""美食"等词语，使得对南京感兴趣的观众更容易找到他的视频，如图 8-8 所示。

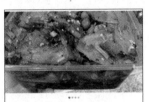

南京 | 瑞金路上的一家小小卤菜店！巨好吃！

📍 地址：葱油猪头肉（瑞金路2-30号）
门口排队取餐的外卖小哥超多，没忍住也买了一盒，这家猪头肉是现切现拌的，我称了20多块钱的肉，半斤多，切出来分量很足，满满一盒，里面配有红肠、花生米、葱蒜等等的小料，没忍住捏了一片，不得不说师傅刀功巨好，片的非常薄，辣辣的葱油裹着肉片，嚼劲十足，这个配米饭吃绝对下饭！不过能吃辣的就别点了❗这家是苏北口味，特色还有猪耳朵猪舌头大肠，都可以混在一起拌，老板说离得远可以点外卖，就是外卖价格比店里现场买贵好多，能现场来买的还是尽量来店里买吧！🤤🤤🤤🤤

#美食日常 #南京 #南京美食 #外卖 #外卖测评 #美食 #我的美食日记 #我的美食日记

图 8-8

8.6 短视频标签高效引流的四大原则

标签不仅仅是一种短视频分类手段，更是一种引流手段。掌握高效设置标签的原则和技巧，可以在日益激烈的内容竞争中占得先机。本节将深入解读短视频标签高效引流的四大原则，并结合案例，深入剖析这些原则的实际运用。

1. 层级原则

短视频标签并非随意排列，而是按照一定的优先级进行排序。根据标签的重要性和作用，可以将其划分为三个级别：领域相关标签、内容特定标签以及热门趋势标签。

领域相关标签排在最前列。在整个标签体系中，它们担任着领导者的角色。例如，一个专注于美食探索的创作者，应该把"美食探索"作为领域相关标签。这样做有两个重要的作用：一方面，能够让平台算法更精准地将你的短视频推荐给感兴趣的观众；另一方面，有助于提升短视频的点击率，提升影响力。

内容特定标签是我们需要重点关注的第二层级，这类标签是基于短视频内容生成的，具有较强的指向性，能帮助粉丝更快了解短视频内容。例如，一个介绍如何制作麻婆豆腐的短视频，其标签可以设定为"麻婆豆腐制作"。这样一来，搜索相关内容的用户，就可以更快地找到这个短视频。

热门趋势标签是标签体系中的关键组成部分，可以将短视频与当前的社会热点、流行趋势联系起来，从而大幅提高短视频的曝光率，获取更多的流量。值得注意的是，如果你的短视频内容与热门话题没有联系，那么强行添加这样的标签可能会起到反作用，使用热门趋势标签时一定要审慎考虑。

2．统一性原则

统一性原则主要指标签应具有一致的语境和含义，避免产生歧义，保证用户在搜索时可以准确快速地找到相关内容。

例如，如果我们在做一个关于电影评论的短视频，那么标签应当包含"电影评论""影评"等词汇，这样用户在搜索"电影评论"时，我们的短视频可以被快速找到。同样，如果短视频是关于烹饪技巧的，那么"烹饪技巧""厨房小窍门"等标签则更为适合。

例如，在抖音上，一位博主发现使用"家常菜""厨房小窍门"等标签后，短视频播放量和粉丝数都有了显著的提升，这是因为他通过统一性原则，成功地将自己的短视频定位在了家庭烹饪这个领域，使得用户可以准确地找到他的视频，如图 8-9所示。

图 8-9

此外，统一性原则也可以帮助我们避免短视频被错误地归类。例如，如果我们在一个关于烹饪的短视频中使用了"健身"这样的标签，虽然可能会吸引一部分对健身感兴趣的用户，但当他们发现短视频内容并不符合他们的需求时，就会将短视频关闭，甚至对我们的账号和短视频产生负面评价。

3. 人性化原则

标签的设置需要考虑到人性化原则，也就是重视用户的搜索习惯和需求。人性化原则强调标签需要与用户的语言习惯和搜索需求相匹配，不仅要考虑用户可能使用什么词汇来搜索，还要考虑用户想要找到什么样的内容。

4. 跨平台兼容性原则

在设置标签时，我们还需要考虑到跨平台兼容性的问题。因为我们的短视频可能会在不同的平台上发布，比如抖音、微信视频号、快手，而这些平台的用户群体、搜索机制可能会有所不同，因此我们的标签需要能够适应不同的环境。

第 9 章

短视频营销文案写作

在信息传递越来越碎片化、观众注意力持续减少的今天,短视频成为一种高效且具有广泛影响力的营销手段。然而,要在短时间内吸引观众、传达品牌信息,需要有巧妙的短视频文案营销策略。

AI 可以通过分析大量的文案数据,帮助我们创作出更具创新性的营销方案。

在本章中,我们将探讨如何将 AI 融入短视频营销文案的写作中,从而提高品牌曝光度,获得更好的营销效果。

9.1 做好定位,确定短视频的目标群体

本节将深入讨论确定目标群体的重要性,介绍如何进行有效的目标群体定位,以及如何利用目标群体信息优化短视频内容。

1. 理解和定位目标群体

前文已经讲过,在制作短视频的过程中,确定目标群体是一项至关重要的工作,不仅能帮助创作者了解受众的需求和偏好,还能在一定程度上影响短视频的内容、风格、主题和发布时间等。

在短视频的创作和发布过程中,创作者需要对受众的年龄、性别、职业、教育背景、生活方式、消费习惯等信息进行深入的研究和分析,只有这样才可以创作出能够吸引和打动受众的短视频。

而 AI 的使用可以帮助创作者准确把握受众的心理和行为模式,从而提升短视频的传播效果。下面,我们让文心一言来帮我们分析健身赛道

的目标群体。

> 🔟 **我的输入**：我想制作健身赛道的短视频，请你帮我分析受众的年龄、性别、职业、教育背景、生活方式、消费习惯。

💬 "健身赛道"的短视频通常指与健身、健康和体能训练有关的内容。根据这个赛道的特点，我们可以分析其潜在的受众特点。

1. 年龄

主要集中在 18~40 岁。这个年龄段的人群更加注重身材、健康和形象管理，同时也是社交媒体的主要活跃用户。

40 岁以上的人群也有一部分会关注这一赛道的内容，但他们可能更关心日常锻炼，而非高强度训练。

2. 性别

男性：可能关心增肌、力量训练、高强度间歇训练等。

女性：可能关心塑形、有氧运动、瑜伽、普拉提等。

但这并不意味着各性别只关心上述内容，健身赛道是非常宽泛的，每个人的需求和兴趣都是多样的。

3. 职业

健身教练、运动员、模特等职业群体可能既是内容的生产者，同时也是受众。

白领、学生、自由职业者等会以健身的方式来缓解工作或学习中的压力。

4. 教育背景

健身类内容的受众在教育背景上可能没有明显的偏向，但一般受过高等教育的人群可能更注重健身和健康。

5. 生活方式

健康意识较强，追求平衡的饮食；可能经常参与体育锻炼或户外活动；对于新的健身趋势或工具可能非常感兴趣。

6. 消费习惯

愿意在健身器材、健身课程、营养补品和运动装备上投资；对健身 App、在线课程或远程健身教练服务可能有兴趣；关注与健身相关的社交媒体账号。

制作短视频时，建议针对上述受众特点进行细分，创作具有针对性的内容，以吸引更多的关注和互动。

创作者可以通过市场调研、用户访谈、数据分析等方式确定目标群体。市场调研可以帮助创作者了解市场的整体趋势和消费者的普遍需求；用户访谈可以帮助创作者了解用户的具体需求和喜好；数据分析可以帮助创作者了解用户的行为模式和观看习惯，从而在短视频制作和发布过程中做出更为精准的决策。

需要注意的是，受众的需求和偏好可能会随着时间的推移而发生变化，因此，创作者需要定期进行市场调研和数据分析，以便及时了解市场的最新动态和用户的最新需求。

2. 利用目标群体信息优化短视频内容

确定目标群体后，创作者就可以根据目标群体的需求和偏好，优化短视频的内容、风格、主题等。

例如，如果目标群体是年轻人，那么创作者可以尝试使用更加轻松、活泼、创新大胆的内容和风格，以吸引他们的注意力；如果目标群体是某行业的专业人士，那么创作者可以提供更多的专业知识和实用信息，以满足他们的需求。

在优化短视频内容的过程中，创作者需要不断进行试验和调整，以找到最适合目标群体的内容和风格。同时，创作者也需要关注市场的最新动态，以便及时调整短视频的内容，以适应市场的变化。

9.2　通过市场调研，找到短视频文案的切入点

市场调研的目标是找到与目标群体相关的主题，主题需要与受众的兴趣、痛点、期望和行为模式相匹配。找到正确的切入点，可以有效提高短视频的播放量。

市场调研还可以帮助创作者了解竞品的情况，找到差异化的机会。了解竞品的情况，包括它们的内容、风格、发布时间、播放量等信息，

可以帮助创作者避免重复，找到自己独特的切入点。

1．如何进行市场调研

进行市场调研，需要先设定调研目标。创作者需要明确自己希望从调研中得到什么信息，比如了解目标群体的需求、找到新的切入点、了解竞品的情况等。

设定了调研目标后，创作者可以通过多种方式进行市场调研，包括在线调研、实地调研、参加行业会议和研讨会、阅读行业报告等。不同的调研方式有各自的优点和缺点，创作者需要根据自己的具体需求和条件，选择合适的调研方式。

在线调研是最常见的市场调研方式，主要包括网络问卷、社交媒体分析、搜索引擎关键词分析等。通过在线调研，创作者可以快速、方便地获取大量的信息。

实地调研则更侧重于获取深入、详细的信息。通过实地调研，创作者可以直接观察和了解目标群体的行为和习惯，从而获取更深入的信息。

参加行业会议和研讨会，可以帮助创作者了解行业的最新动态和趋势，听取专家的见解和建议。

阅读行业报告，可以帮助创作者了解市场的整体情况，了解竞品的情况，发现市场的新趋势。

2．如何从市场调研中找到切入点

市场调研完成后，接下来的挑战是如何从收集到的数据和信息中找到短视频文案的切入点。以下是一些有用的方法和步骤。

分析和研究数据：创作者需要花时间仔细分析和研究收集到的数据，找出其中的规律和趋势。例如，创作者可以分析目标群体的消费习惯，了解他们对何种类型的短视频更感兴趣；或者分析竞品的内容，了解竞品成功的关键因素。

寻找空白点和机会：通过对数据的分析，创作者可能会发现一些市场上尚未被充分利用的空白点和机会。这些空白点和机会可能可以作为短视频文案的切入点。例如，创作者可能会发现某一特定群体对某种类型的短视频有很大需求，但市场上还没有人提供这种类型的短视频。

创新和实验：有时，找到短视频文案的切入点需要创新和实验。创作者可以尝试用新的方式制作一些与众不同的内容，看看市场的反应如何，并根据市场反应及时做出调整。

9.3 独特卖点的塑造与表达

本小节我们来探讨一下短视频营销中的一个核心问题——如何提炼并展现独特卖点。

我们要先明白独特卖点的概念。它源于一个广为流传的营销学原理——独特的销售主张（Unique Selling Proposition，USP），指一款产品或一项服务打动消费者、激发其购买意愿的独特价值和优势。在这里我们可以将其视作短视频的内容或形式所具备的独特吸引力。

例如，你正在制作一个健身教程的短视频，那么它的独特卖点可能是其针对特定人群（如办公室白领）的定制化训练方案。提炼并清晰表达这些卖点，将直接影响你的短视频是否能够从众多的竞品中脱颖而出，引起观众的共鸣，赢得他们的点赞、分享和关注。

然而，在实际操作中，我们会发现，很多创作者在描述卖点时，往往只是简单地陈述"我有这个优点，我有那个特色"，而没有准确地传达出产品的真正优势，或是没有抓住观众真正关心的问题。

那么，如何在短视频文案中准确而生动地提炼并展现我们的独特卖点呢？这需要我们解决两个关键的问题。

　　首先是品牌或产品利益问题。这个问题是针对品牌或产品自身而言的，也就是你需要强调你的产品或服务的优势，这个优势可以是具象的，例如，你卖的笔记本电脑的特点是轻薄，你卖的汽车的特色是后排空间大等。这些优势都是具体可见的。当然，有的优势也可能是抽象的，例如，你的品牌代表着一种生活方式、一种品位，或者你的产品可以带给用户独特的体验感、享受感。

　　其次是用户利益问题，即你要想清楚，用户购买你的产品后，他们能获得哪些好处，这些好处是不是他们真正关心的。为此我们需要深入理解用户的需求，才能做到恰如其分地引导用户，让他们看到我们的产品或服务能满足他们的哪些需求，解决他们的哪些问题。

　　再拿轻薄的笔记本电脑为例，你可能会强调其轻薄设计是独特卖点，但更重要的是，这种轻薄的特点到底能给用户带来哪些具体的好处？可能是让他们在出差或旅行时更加便携，或它的超长续航能让用户在没有电源的情况下使用更久，抑或其散热设计可以显著提高散热效果，不会给用户带来使用上的困扰。

　　这就是表达独特卖点的关键所在：要深入理解用户的需求，以用户为中心，用我们的产品或服务来满足他们的需求，解决他们的问题。只有这样我们的文案才能从单纯的产品描述"我有……"转变为关注用户的需求"你需要……"，从而让卖点更加明确、清晰，更加聚焦。

　　一个优秀的文案，必须在强调自身产品优势的同时，也能突出用户在购买后可以获得的实际利益。这种"品牌或产品优势＋用户获得实际利益"的组合，就是一个完美的卖点提炼和展示模板，可以引导用户产生购买欲望，让他们真正感受到我们的产品或服务的价值所在。

　　我们需要在实际的文案写作中，结合自己的短视频内容和目标观众的需求，创作出有力度、有温度、有深度的文案，将视频的卖点与观众的需求巧妙地结合在一起，从而提高短视频的点击率、分享率和点赞率。

为此，我们可以从以下几个方面来操作。

- 深入了解自己的产品或服务：我们需要深入了解自己的产品或服务的优点、特色、可能的缺点，以及我们如何改进才能克服这些缺点。只有这样我们才能更准确地找到卖点，将其在文案中展现出来。

- 理解我们的目标观众：我们需要知道我们的短视频是为哪些人制作的，他们关心什么，他们的需求是什么，只有这样我们才能更准确地在文案中解答他们的问题，满足他们的需求，引导他们购买。

- 创作生动有趣的文案：我们需要用有趣、生动的语言来呈现卖点，用故事、数据、例子来让卖点更具说服力。

- 巧妙植入广告信息：在营销与推广的领域中，巧妙植入广告信息是一项至关重要的策略。将广告信息自然地融入文案中，我们可以在不引起粉丝反感的情况下获得更好的宣传效果。这种植入方式能够隐蔽地推动产品或品牌的爆发，赢得受众的关注和认可。

接下来通过举例，介绍如何利用 AI 写出引人入胜的营销文案。

博主"爱吃大叔"账号将受众定位为注重健康生活的年轻人，并围绕受众的需求进行内容创作。

在一条视频中他描述了用户在追求健康生活方式时所面临的挑战，如忙碌的工作导致饮食不规律，选择健康食品的困扰，加工食品正在搞垮人的身体等，如图 9-1 所示。

图 9-1

　　文案中的关键词"搞垮您的身体"戳中了很多人追求健康的心理需求，最后视频收获点赞 1.6 万个，获得了不错的效果。

9.4 利用多个平台进行文案推广

　　短视频平台众多，包括微信、微博、抖音、知乎等。它们的用户群体、互动模式及内容偏好各不相同。要在各平台上成功地进行推广，就需要有针对性地利用这些平台的特点。以下是利用多个平台进行文案推广的建议。

1. 了解每个平台的特点

　　每个平台都有其独特的受众群体和内容偏好。例如，微博以文字和图片为主，适合快速传播和大范围覆盖信息；抖音、快手则以短视频为主，适合展示生动、形象的内容；知乎则适合进行深度的知识分享和讨论。在实际的营销推广中，根据各平台特性制作和调整文案至关重要。

2. 统一品牌风格

尽管各平台内容形式偏好不同，但品牌在所有平台上的风格应尽量保持一致，这包括视觉元素（如 LOGO）和文字元素（如语气、用词）。这样可以提高大众对品牌的认知度，构建统一、专业的品牌形象。

3. 制定多平台内容发布策略

不同平台的发布频率和时间可能各不相同。例如，微博可能需要每天多次更新以保持热度，而知乎则需要时不时发布有深度的内容以展示专业性。综合考虑各平台特点，采用合理的发布策略，可以保证内容持续更新，同时避免过度发布导致用户疲劳。

4. 充分利用平台间的链接

通过在不同平台间设置链接，可以实现用户和引流。例如，在微博的推文中插入抖音的视频链接，引导用户去抖音观看更多内容；或者在知乎回答中提供微信公众号的二维码，吸引用户关注公众号。这种方式可以实现各平台的资源共享，提升推广效果。但也要注意有的平台禁止发布引流内容，创作者需要根据平台规定，灵活使用这种方法。

5. 定期进行分析和调整

进行多平台推广时，需要定期分析每个平台的推广效果，如阅读量、点赞数、分享数、评论数等。根据这些数据，可以了解哪些内容和策略最有效，从而进行有针对性的调整。

9.5 4 类常见短视频文案撰写指南

1. VLOG

VLOG 又称为"视频博客"，是一种通过视觉影像记录和展示个人生活、分享观点的新媒体形式。这种形式在全球范围内得到了广泛的认可，现结合案例分享 4 个有效的 VLOG 文案创作指南。

● **识别和理解目标观众**

在撰写 VLOG 文案之前，要先了解目标观众是谁，以及他们的兴趣和需求是什么。例如，如果目标观众是热爱美食的人，那么文案应以美食为中心，详细介绍料理的制作过程，或讲述背后的文化历史。

例如，抖音博主"九月家的厨房"的作品主要是分享自己的烹饪经验。每个短视频都讲述了一个美食故事，如如何制作懒人版水煮肉片，或者如何在家中自制比萨。这些短视频不仅展示了料理的制作过程，还通过精心编写的文案，向观众展示了美食背后的故事和文化，如图 9-2所示。

● **选择合适的叙述方式**

VLOG 的叙述方式各异，可以是日常生活的记录，也可以是故事化的叙述。根据 VLOG 的主题和目标观众偏好，选择合适的叙述方式极为重要。例如，如果是分享旅行经历的 VLOG，更适合采用故事化的叙述方式，用文案引导观众体验旅行的过程。

例如，抖音博主"Victor 的旅行日记"，以 VLOG 的方式分享自己的旅行经验和见闻。每个短视频都是一个小故事，让观众仿佛跟随主人公一起在世界各地旅行，如图 9-3 所示。

图 9-2　　　　　　　　　　　　　图 9-3

● **创新内容的呈现方式**

在写 VLOG 文案时，要考虑如何以新颖、有趣的方式呈现。可以利用独特的拍摄角度、滤镜效果等来增强短视频的吸引力。同时，文案也可以通过幽默、诙谐的语言风格，或者引人入胜的故事情节，来吸引观众的注意力。

抖音上的创新 VLOG 文案例子有很多，如"悠悠思维研习社"通过日常生活中的小实验发现和分享有趣的知识，每个视频的视角和语言风格都很独特，让观众在观看的过程中得到惊喜和启发，如图 9-4 所示。

● **让文案与视觉内容相辅相成**

在 VLOG 中，文案和视觉内容应该相辅相成，以增强整体的吸引力。

例如，在抖音博主"彭师傅健身日记"的每个视频都包括详细的健身动作演示和训练计划，同时文案也详细解释了每个动作的目的和技巧，让观众更好地理解和学习，如图 9-5 所示。

图 9-4   图 9-5

以上就是撰写 VLOG 文案的四类指南，可以帮助创作者提升短视频的内容质量和吸引力。

2. 小剧场

小剧场以戏剧性的情节和人物设定为特色，相较其他类型的短视频，小剧场更加注重故事性和娱乐性，因此在撰写文案时，也需要更多的创新和技巧。

● 明确主题

小剧场通常以某个主题为核心，如恋爱、家庭、职场等。例如，抖音账号"好好向上"的每个视频都是以恋爱为主题的小剧场，讲述了各种有关恋爱的小故事，如图 9-6 所示。

● **设定人物角色**

人物角色是小剧场的灵魂。在撰写文案时，要注重人物的塑造，赋予他们鲜明的个性和特点，通过对话和互动展现他们之间的关系和情感。例如，抖音账号"小马哥❤欢乐多"的视频中，每个人物都有自己独特的角色设定和性格特点，通过他们的互动，展现了家庭生活的温馨和有趣，如图 9-7 所示。

图 9-6   图 9-7

● **创作引人入胜的情节**

小剧场最大的吸引力在于它的故事情节。在撰写文案时，要考虑如何创作出引人入胜的情节，使观众愿意继续观看，这需要对剧本结构有一定的理解，包括开头、发展、转折和结局等各个环节。例如，抖音账号"辉常可乐"的每个视频都设计了一段有趣的职场故事，通过紧张刺激的情节和出人意料的结局，吸引了大量粉丝，如图 9-8 所示。

3. 种草类

　　种草类短视频在引导消费决策方面有着强大的力量。优秀的种草类短视频文案能够描绘出一幅清晰、诱人的产品图景，使观众渴望拥有或体验某样产品或服务。接下来我们对种草类文案的关键要素进行深入探讨。

● **突出产品特点**

　　产品是种草类文案的主角，将产品特点和优势清晰、生动地展现出来是撰写种草类文案的第一步。例如，在抖音上，美妆博主会详细描述一款新上市的口红的色泽、保湿度、持久度等，让观众一方面对产品有足够的认知，另一方面通过博主的使用体验来建立对产品的信任，如图9-9所示。

图 9-8

图 9-9

● **创造情境体验**

将产品放在一个具体的情境中,可以让观众更好地想象产品的实际效果。例如,一位旅行博主在抖音上分享一款便携式咖啡机,描述了他在旅行时用这款咖啡机冲泡一杯咖啡后,享受到了旅行和咖啡带来的双重乐趣,如图 9-10 所示。

● **激发观众情感**

种草类文案应与观众的情感产生共鸣。例如,一位家居博主在抖音上分享一款新款香薰机时,讲述了她在一个忙碌的工作日结束后,打开香薰机,沐浴在轻柔的香气中,释放压力,身心得到放松的情景,如图 9-11 所示。这种描述方式会激发观众对美好生活的向往,从而对产品产生购买欲望。

图 9-10

图 9-11

● **提供购买信息**

好的种草类文案不仅会让观众对产品产生兴趣，也会为他们提供购买产品的途径。例如，一位穿搭博主在抖音上分享一款新款的连衣裙，除了介绍裙子的款式、材质等信息，还会提供购买链接，让对此款连衣裙感兴趣的观众可以直接购买，如图 9-12 所示。

图 9-12

4. 知识类

知识类短视频旨在为观众提供有价值的信息或知识，常见于教育、科普、技术分享等领域。撰写知识类短视频文案时，需要兼顾深度和趣味性。以下是一些关键的写作建议。

● **明确主题**

知识类短视频应始终围绕一个明确的主题展开，使观众能在短时间内理解短视频的主要内容。例如，一位在抖音分享编程知识的博主可以选择将"如何使用 Python 编写一个简单的爬虫程序"作为一个短视频的主题。

● **结构清晰**

优秀的知识类文案应有明确的逻辑结构，可以是问题—解答、步骤—结果、原理—应用等。这种结构可以帮助观众更好地理解和记住短视频传递的知识。例如，一个讲解烘焙技巧的短视频，可能会按照食材准备、操作步骤、烘烤技巧和成品展示的顺序进行。

● 简明扼要

由于短视频有时间限制，知识类文案需要在有限的时间内传递最重要的信息，因此文案应去除冗余的描述，以最直接、最简洁的语言传递主要信息。例如，一个介绍历史事件的短视频，应聚焦于事件的关键点，而非详尽的背景介绍。

● 富有趣味性

为了吸引和保持观众的注意力，知识类文案需要具有一定的趣味性，这可以通过加入轻松的语言、有趣的比喻，或者与观众的生活经验相关的内容来实现。例如，一个讲解数学概念的短视频，可能会通过将数学概念与日常生活中的现象进行对比，使观众更容易理解和记住。

9.6 使用讯飞星火编写账号个人资料

在社交媒体时代，账号的个人资料对于吸引和保留粉丝具有重要作用。一个精心设计的个人资料可以增强品牌的辨识度，传递关键信息，并激发粉丝的兴趣和好奇心。下面将详细介绍如何编写出色的个人资料文案，以吸引更多的粉丝。

1. 个人资料的重要性

个人资料是一个品牌或者个人的"面孔"。优质的个人资料需要清晰地展示出品牌的身份、核心价值、目标群体以及粉丝关注后可以得到什么。从这个角度来看，个人资料在吸引和留住粉丝中起着重要作用。

2. 如何编写个人资料

编写个人资料时，需要注意以下几个关键点。

- 清晰明了：一个好的个人资料应该简洁明了，避免使用复杂的行话或者术语，使得每一个人都能够理解。同时，尽量在文案中明确表述自己的核心价值和独特之处。例如，一家专注于健康饮食的公司可能会选择以下个人资料："专注于提供营养丰富、健康美味的食品，助力健康生活。"这个文案简洁明了，清楚地表达了公司的核心价值和目标。

- 以受众为中心：个人资料应当立足于目标受众的需求，理解受众的需求和期望，向受众展示品牌是如何满足这些需求的。例如，一家儿童教育科技公司，其个人资料可以是："利用科技，激发儿童的学习兴趣和潜能，助力他们成就未来。"这个文案立足于目标受众——儿童和他们的家长，展示了公司如何满足他们的需求。

- 具有吸引力：提供具有吸引力的信息，或者利用幽默感和创新的表达方式来使个人资料更有吸引力。例如，一家专门提供冒险旅游服务的公司，可能会选择这样的个人资料："带着我们的冒险精神，走遍世界的每一个角落。"

- 呼吁行动：在个人资料中加入呼吁是一种非常有效的策略，这可以是邀请人们关注、分享、注册、购买或者下载。例如，一家电商平台的个人资料可以是："打开我们的网站，发现世界上最独特的商品"。

- 保持一致性：在所有社交媒体平台上，品牌的个人资料都应该保持一致，这可以提高品牌的知名度，增强品牌形象的连贯性。

3. 使用讯飞星火编写个人资料

讯飞星火是一款智能写作助手，可以快速生成社交媒体账号个人资料。其操作流程如下。

（1）打开讯飞星火官网。

（2）注册登录。如果没有讯飞星火账号，请点击页面右上角的"注册"按钮进行注册。已有账号的用户直接输入用户名和密码进行登录。

（3）选择写作类型。登录成功后，点击页面左上角的"助手"按钮，在下拉菜单中选择"写作助手"，如图 9-13 所示。

（4）输入提示词和需求，写作助手会根据提示生成文案，如图 9-14 所示。

图 9-13　　　　　　　　　　图 9-14

（5）生成文案后，我们还需要对生成的文案进行优化。讯飞星火具有润色功能，它会自动分析文案优缺点并提供修改建议，这样创作者可以根据建议对文案进行优化，以提高文案的吸引力和传播力，如图 9-15 所示。

（6）文案润色后，先点击"保存"按钮保存文案，然后再点击"复制"按钮，将文案复制到剪贴板。

图 9-15

（7）回到发布文案的社交媒体平台，找到个人资料编辑页面，将复制的文案粘贴到相应的输入框中。

（8）完成以上操作后，将个人资料文案发布到社交媒体平台即可。

9.7 主动私信，展示你的热情与真诚

主动私信是在社交媒体上建立联系和互动的一种方式。一个好的私信文案能够显示出创作者的热情和真诚，从而增强与用户的联系，吸引更多的关注和互动。以下是编写有效的私信文案的一些原则和策略，以及具体的应用示例。

1. 个性化

私信应当针对每个接收者进行个性化调整，以表明创作者对他们的关注。例如，如果创作者是一家专门提供瑜伽训练的公司，可以向刚关

注的粉丝发送以下私信："[粉丝名字]，欢迎加入我们的瑜伽社区！看到您之前在 ×× 帖子下的评论，您对瑜伽的热爱让我们感到非常亲切。在这里，您可以从瑜伽练习中获取更多乐趣和知识。"

2. 提供价值

私信应该提供一些对接收者有价值的信息或者资源。例如，一家提供编程课程的公司，可以向新粉丝发送以下私信："[粉丝名字]，感谢您的关注！为了感谢您的支持，我们为您提供了一份免费的编程入门指南，希望对您有所帮助。"

3. 呼吁行动

私信可以包含一个简单的呼吁，鼓励接收者进行某种互动。例如，一家餐馆可以向刚关注的粉丝发送以下私信："[粉丝名字]，非常欢迎您关注我们！如果您有机会来我们餐馆用餐，别忘了在社交媒体上分享您的体验哦！"

4. 保持真诚

私信的语气应当友好而真诚，避免销售式的推广。例如，一位个人健身教练可以向新粉丝发送以下私信："[粉丝名字]，感谢您的关注！在这里我将分享一些健身的心得和技巧，希望能帮助到您。如果您有任何问题，请随时向我提问，我会很愿意帮助您。"

9.8　利用标题提高直播间人气

在移动互联网时代，直播已成为商业推广和个人分享的重要方式。然而，如何在海量的直播内容中脱颖而出，吸引用户点击进入直播间，对于直播者来说是一项重大挑战。其中，直播标题作为观众第一时间接触到的信息，对于提高直播间人气具有重要作用。下文将详细讨论如何利用标题提高直播间人气。

1. 明确直播标题的功能

在设计直播标题时，需要明确直播标题的功能。标题是展示直播内容的重要途径，也是直播者与观众建立初步联系的关键工具。通过简洁、准确和吸引人的标题，可以引起观众的兴趣和好奇心。

2. 选择独特的关键词

关键词是提升直播标题吸引力的关键因素。直播者应选择能够准确反映直播内容，且具有独特性的关键词。这些关键词不仅可以帮助观众快速理解直播内容，也有利于提升直播在搜索结果中的排名。

3. 使用吸引人的修饰词

除了关键词，修饰词也是直播标题的重要元素。修饰词可以增强标题的表现力，使标题更具吸引力。例如，使用 "限时" "只剩" 等词语制造紧张感；使用 "实用" "高效" "深度" 等词语强调直播的价值和效果。

4. 引入直播特色

每场直播都有其独特的亮点，这些亮点是吸引观众的关键，可以让观众在第一时间感受到直播的独特性，激发他们进入直播间的欲望。

5. 使用问题引导

提出问题是一种有效的引起观众兴趣的策略。通过在标题中提出问题，直播者可以引导观众思考，激发他们寻求答案的欲望。例如，一场关于时尚搭配的直播，其标题可以是"如何打造春季最'in'潮流搭配？"

6. 利用数字

数字可以提供具体、易于理解的信息，吸引观众的注意力。例如，使用"5 种方法""10 个步骤"等数字，可以让观众对直播的内容和结构有更清晰的了解。

9.9　利用封面文案引爆流量

封面文案是内容营销中的关键元素，能够在观众浏览大量信息的时候吸引他们的注意力，引导他们进一步观看创作者的内容。封面文案存在于视频、文章、广告、直播等多种形式的内容中。精准、有吸引力的封面文案，有助于提高点击率，引爆流量。以下将详细介绍如何利用封面文案引爆流量。

1. 确定封面文案的目标

封面文案的主要目标是吸引观众的注意力，引导他们点击和浏览。因此，在撰写封面文案时，需要考虑以下问题：封面文案需要传达什么信息？封面文案希望引起观众的什么反应？根据这些问题的答案，确定封面文案的主题和内容。

2. 选择吸引人的关键词

关键词是封面文案的核心元素，它能够在短时间内传达关键信息，吸引观众的注意力。选择的关键词需要能够准确反映内容的主题，且具有吸引力。例如，一篇关于健康饮食的文章，可以选择"健康""饮食""改变"等关键词。

3. 使用动态词语

动态词语能够为封面文案增加动感，使其更具吸引力。例如，使用"探索""挑战""改变"等动态词语，可以引起观众的好奇心，激发其行动欲望。

4. 借助数字和数据

数字和数据能够提供具体、明确的信息，吸引观众的注意力。例如，使用"5 个方法""10 个技巧"等数字，或者其他具有统计意义的数据，可以增强封面文案的说服力和吸引力。

5. 提出问题

提出问题是一种有效的引起观众兴趣的方法。通过在封面文案中提出问题，可以引起观众的好奇心，激发他们进一步阅读或观看的欲望。

6. 强调价值和效果

封面文案需要强调内容所能提供的价值和效果，引导观众点击和浏览。例如，一篇关于时间管理的文章，封面文案可以强调"提高工作效率，享受更多自由时间"。

7. 结合视觉元素

封面文案需要与视觉元素（如图片、图标、色彩等）相协调。视觉元素可以帮助封面文案更好地传达信息，同时增强封面的整体吸引力。

第 10 章

短视频与 AI 的有机结合

随着数字时代的到来，AI 在短视频领域发挥着越来越重要的作用，本章我们将深入探讨使用 AI 撰写短视频文案的技巧，从而为个人和企业带来更多收益。

10.1 ChatGPT+Xmind，一分钟做出一个思维导图

在信息爆炸的时代，我们不仅需要高效收集和处理信息，还需要精准、快速地输出创新和实用的内容。在这个过程中，ChatGPT 和 Xmind 分别作为强大的 AI 文本生成器和出色的思维导图工具，具有巨大的潜能。本节将详细介绍如何利用 ChatGPT 和 Xmind，一分钟做出一个高效、实用的思维导图。

1. 什么是 Xmind

Xmind 是一款流行的思维导图制作工具，通过它你可以轻松地组织和可视化复杂的信息和想法。

2. Xmind 的应用场景

- 项目管理：梳理项目流程和任务。
- 学习整理：整合和组织学习材料。
- 创意构思：捕捉和展示创意。

3. ChatGPT 和 Xmind 的结合使用

ChatGPT 与 Xmind 结合使用，可以实现非常高效的信息处理和输出。下面以生成"如何做好一个课程"的思维导图为例来进行讲解。

具体操作步骤如下。

（1）进入 ChatGPT 页面，输入提问内容：制作一份思维导图，主题是如何做好一个课程，用 markdown 代码呈现。

（2）ChatGPT 会生成如下内容，单击右上角的"Copy code"按钮，将生成的内容复制下来，如图 10-1 所示。

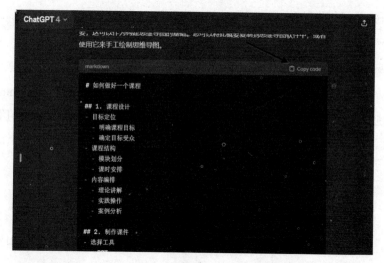

图 10-1

（3）新建一个 txt 文档，将刚刚复制的文本粘贴到该文档中，并将文档命名为"如何做好一个课程"，如图 10-2 所示。

图 10-2

（4）保存并关闭 txt 文件，将文件后缀改为 .md。

（5）下载并安装 Xmind 软件。

（6）打开 Xmind 软件，单击左上角的三个横杠，在弹出的菜单中选择【文件】→【导入】→【Markdown】菜单，弹出如图 10-3 所示页面。

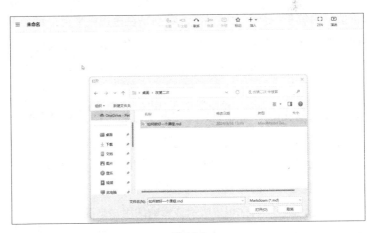

图 10-3

（7）选择刚刚保存的"如何做好一个课程.md"文件，单击【打开】按钮即可自动生成思维导图，如图 10-4 所示。

图 10-4

10.2 短视频策划文案写作公式

在信息爆炸的时代，如何在短时间内吸引观众的注意力并给予他们有价值的内容是一个巨大的挑战。特别是在短视频平台，每个人都在与时间赛跑。在这种情况下，一份出色的策划文案变得尤为重要。接下来，我们将采用一个简单但有效的公式，用 ChatGPT 打造一份专业的短视频策划文案。

短视频策划文案 = 身份 + 文案主题 + 目标人群 + 文案目的 + 文案要求

- 身份：确定你是谁，如美食博主、知识博主、育儿博主。
- 文案主题：你的短视频要传达的核心内容。
- 目标人群：了解你想要吸引或影响的用户是谁。
- 文案目的：是提高知名度，推销产品，还是教育观众。

- 文案要求：对文案的形式、长度、风格等的具体要求。

公式应用如下。

🔟 **我的输入：**

身份：美食博主，致力于分享各种美食和烹饪技巧。

文案主题：如何在家制作简单又美味的寿司。

目标人群：烹饪新手，特别是那些对烹饪感兴趣但缺乏经验的年轻人。

文案目的：提高个人知名度。

文案要求：

1. 视频不超过 3 分钟。

2. 语言简单易懂。

3. 要有一定的幽默感。

💬 **文案草稿如下。**

视频开头（10 秒）

镜头聚焦在一盘色彩斑斓的寿司上。

（镜头切换至博主）："大家好，欢迎回到我的频道！寿司不仅是日本人的最爱，也是'抖音食客界'的网红。今天我将教你如何在家制作简单又美味的寿司！"

材料介绍（20 秒）

"我们需要准备以下材料。"

（镜头切至材料）"寿司米、海苔（紫菜）、新鲜的三文鱼或金枪鱼、黄瓜、牛油果、芝麻和其他你喜欢的配料。"

烹饪步骤（1 分 30 秒）

1. 准备米饭（15 秒）

"煮米饭是件大事，就像选对象一样不能马虎。按照包装说明把寿司米煮好。"

2. 准备鱼和蔬菜（20 秒）

"切鱼和蔬菜时要比分手还要果断。记住，大小要适中，不要切得太厚或太薄。"

3. 卷寿司（30 秒）

"把海苔放在竹卷垫上，然后放一层米饭，再放上切好的鱼和蔬菜。来，让我们一起卷！"

（镜头聚焦在博主快速且熟练地卷寿司的动作上）

4. 切割和装饰（25 秒）

"用一把锋利的刀把寿司切成块。如果你不是忍者，那么请一定要小心。最后，撒上一些芝麻，让你的寿司看起来更'高级'。"

5. 结尾（20 秒）

"看，简单吧！这样你就可以在家享受高级日式料理了。"

（镜头再次聚焦在成品寿司上）

"如果你觉得这个视频有用，请点赞和分享，让更多人知道做寿司其实一点儿都不难！下次见！"